21世纪立体化高职高专规划教材·财经系列
全国职业教育技能型人才培养校企合作精品教材

新编基础会计实训

（第2版）

贺胜军　顾爱春　孙　杰　主　编
马　力　周炳伟　张冬梅
　　　　宋建琦　卢道宏　副主编

電子工業出版社
Publishing House of Electronics Industry
北京· BEIJING

内容简介

本书是在第1版基础上修订的第2版实训教材，共有20个实训项目，既有单项训练又有综合训练，将会计的基本技能融入其中。通过实际操作训练，学生可掌握会计数字的书写、凭证的填制与审核、建账、记账、更正错账、试算平衡、编制财务报表、账务处理程序等基本技能和方法。本书在编写过程中，紧紧围绕高职高专人才培养目标，遵循教育部提出的"注重基础、突出适用、增加弹性、精选内容"的原则，体现了教材的完整性、实用性和可操作性。

本书既可作为高等职业院校财经管理类专业的教材，也可作为会计上岗人员的培训用书，还可供企事业单位各层次管理人员阅读或参考。

图书在版编目（CIP）数据

新编基础会计实训 / 贺胜军，顾爱春，孙杰主编. -- 2版. -- 北京：电子工业出版社，2016.7
ISBN 978-7-121-26583-9

Ⅰ. ①新…　Ⅱ. ①贺… ②顾… ③孙…　Ⅲ. ①会计学—高等职业教育—教材 Ⅳ. ①F230

中国版本图书馆CIP数据核字（2015）第155832号

策划编辑：贾瑞敏　张思博
责任编辑：贾瑞敏　　特约编辑：胡伟卷　苗丽敏
印　　刷：北京京海印刷厂
装　　订：北京京海印刷厂
出版发行：电子工业出版社
　　　　　北京市海淀区万寿路173信箱　　邮编100036
开　　本：787×1 092　1/16　　印张：16　字数：420千字
版　　次：2009年5月第1版
　　　　　2016年7月第2版
印　　次：2016年7月第1次印刷
印　　数：3 000册　定价：38.00元

凡所购买电子工业出版社图书有缺损问题，请向购买书店调换。若书店售缺，请与本社发行部联系，联系及邮购电话：（010）88254888，88258888。

质量投诉请发邮件至zlts@phei.com.cn，盗版侵权举报请发邮件至dbqq@phei.com.cn。

本书咨询联系方式：电话010-62017651；邮箱fservice@vip.163.com；QQ427695338；微信DZFW18310186571。

第2版前言

会计专业是对动手能力要求较高的专业，其应用性、操作性和规范性很强。学生只学习会计理论不进行实践操作，等于纸上谈兵。而会计工作特殊性的限制，使会计专业的学生不可能像其他专业的学生那样直接到工作岗位上进行系统的顶岗实习，而“基础会计”又是会计专业的入门课程，是学习后续课程的基础，因此为提高学生动手能力，同时解决校外实训的困难与不足，加强校内基础会计实训的工作就显得尤为重要。而要在实训室完成这项工作，就必须有一套与之相匹配的教材。本书就是出于这样的目的而编写的。

本书是在第1版的基础上，根据高职高专会计教育改革的最新理念，在保留原有教材特色的基础上进行的修订工作。本书的特点在于完整性、实用性和可操作性；实训项目循序渐进、科学合理，既有单项实训又有综合实训，既便于学生操作又便于教师根据学生情况进行指导和安排；依据2014年7月发布的《企业会计准则》及《会计基础工作规范》，按照任务驱动教学方法的要求，明确各项实训任务、目标和工作过程，在教学组织上既可与“基础会计”课同步训练，也可以在学习完“基础会计”课后进行集中的操作训练，为进一步学习后续会计专业课程打下良好的基础。本书可与主教材配套使用，也可单独作为实训教材使用。

本书由广东交通职业技术学院贺胜军、丽水职业技术学院顾爱春、江苏联合学院淮安生物工程分院孙杰担任主编；由江苏联合学院淮安生物工程分院马力、广东女子职业技术学院周炳伟、黑龙江建筑职业技术学院张冬梅、山西国际商务职业学院宋建琦、广州市花都三和税务师事务所所长卢道宏担任副主编；参与编写的还有江苏联合学院淮安生物工程分院李勇、周艳艳。具体分工如下：贺胜军编写了总论、实训1、实训2、实训3、实训8、实训9、实训10；顾爱春编写了实训4、实训5；孙杰编写了实训6、实训7；马力编写了实训15、实训16；周炳伟编写了实训17、实训18；张冬梅编写了实训11、实训14；宋建琦编写了实训19、实训20；李勇编写了实训12；周艳艳编写了实训13；卢道宏提供了资料与相关凭证。

尽管本次修订再版我们付出了很大的努力，但书中仍难免存在不足之处，恳请读者批评指正。

编　者

第1版前言

本书是与《新编基础会计》一书配套使用的会计基本技能实训教学用书。会计专业是应用性、操作性和规范性很强的专业，仅学习会计理论，不进行实践操作，等同于纸上谈兵。为满足社会对高技能应用型会计人才的需要，培养学生分析问题、解决问题的能力，提高动手能力，使之理论联系实际，同时也为了解决实训基地的困难与不足，我们组织了长期从事会计教学的教师及会计师事务所的专家、学者编写了此书。

全书将会计的基本技能融入了20个训练项目中，通过操作训练，学生不出校门就能掌握会计数字的书写、凭证的填制与审核、建账、记账、更正错账、试算平衡、编制会计报表、账务处理程序等基本技能和方法，从而为后续专业课程的学习和毕业后上岗工作打下良好的基础。

本书的特色是突出了完整、系统、真实、仿真和可操作性，在训练项目安排上循序渐进、科学合理，既有单项训练，也有与之相联系的综合训练。本书依据最新的会计准则及《会计基础工作规范》的要求，以一个企业完整的业务为例，采用各行业真实的票证、单证，内容新颖、真实；在教学组织上，既可与"基础会计"课同步训练，也可以在学习完"基础会计"课后进行集中的操作训练。

本书既可作为高等职业院校财经管理类专业的教材，也可作为财会人员上岗的培训用书，还可供企事业单位各层次管理人员阅读或参考。

本书由贺胜军、顾爱春、孙杰主编，马力副主编，参加编写的还有李雪、周艳艳。其中，贺胜军编写了总论、实训1、实训2、实训3、实训8、实训9、实训10、实训11、实训14、实训19、实训20，顾爱春编写了实训4、实训5，孙杰编写了实训6、实训7，马力编写了实训15、实训16，李雪编写了实训12、实训13，周艳艳编写了实训17、实训18。

由于作者水平有限，加之时间仓促，书中难免存有不足之处，恳请读者批评指正。

编　者

目 录

总　　论

1. 基础会计模拟实训课的重要性

高等职业学院是培养高技能专门人才的摇篮，要求学生动手能力强，毕业后能立即上岗。基础会计实训是与基础会计课程配套衔接的会计实训课程，二者的关系是理论与实践的关系。基础会计是会计学科体系的入门课程，也是进入“会计王国”的入门钥匙，对后续会计课程的学习有着举足轻重的影响。它主要阐述会计核算的基本理论与基本方法，如填制凭证、复式记账、会计账簿、会计报表和账务处理程序等，用这些基本理论和方法指导会计实训。在学习基础会计时，开设基础会计实训课程，进行基础会计模拟实训，尤为必要——通过动手操作，可以验证所学的理论与方法是否掌握，同时可进一步巩固和学习会计核算的基本理论与方法，在实践中总结、研究与提高。二者的关系也是知识与能力的关系，知识是能力的源泉，能力是知识的力量表现，不可偏废。

2. 会计基本技能

基础会计实训的基本目的是通过会计实训使学生熟悉和掌握会计的基本技能。会计的基本技能包括以下几点。

（1）写算基本功

写算能力是对会计人员最基本的业务素质要求。写，包括文字与数字的书写，应清晰、流畅、规范；算，主要是计算汇总能力，应快速、准确。

（2）填制和审核会计凭证

填制和审核会计凭证是会计核算工作的起点，是会计工作的基本环节。填制和审核会计凭证，包括填制和审核原始凭证和记账凭证，并会用借贷记账法正确地反映经济业务的发生情况。

（3）登记账簿

根据经审核无误的原始凭证及记账凭证，按照国家统一的会计制度规定的会计科目，运用复式记账法将经济业务序时、分类地登记到账簿中。登记账簿是会计核算工作的主要环节。

（4）编制会计报表

会计报表是用以总括地反映企业在一定时期内的经济活动及其结果的一种书面文件。编制会计报告是将日常分散的会计资料，按照一定的要求、原则，定期归类、整理汇总成有关方面所需要的会计信息的一种专门方法，其中编制会计报表是会计报告的主体内容。

（5）凭证、账簿的装订与保管常识

对于会计专业的学生来说，会计凭证填好后的装订与保管，账簿的启用与运用上的都是要掌握的基本技能。

3. 基础会计模拟实训的目的

基础会计模拟实训教学内容丰富，包括了会计操作的全部技能。从填制原始凭证、记账凭证到登记账簿，从日常会计核算到编制会计报表，都要求学生掌握基础会计的基本知识。因此，基础会计模拟实训是对学生所学会计知识的综合检验和全面回顾。

（1）理论联系实际，巩固理论知识

长期以来，会计专业学生理论联系实际的方式主要是到企业实习。实践证明，这种做法为改变理论脱离实际的现象曾起到一定的作用，但其本身存在这样几个难以解决的问题：财会部门办公室面积不大，能接收的实习生有限，至多3～5人；实习点太多，经费支出大，而学校实习经费有限，因而造成联系实习难；由于学生还没有掌握会计的基本技能，企业会计人员不敢大胆放手让学生实际操作，一般只是让学生看凭证、账表，变实习为“参观”，使实习成为了“走过场”，这就达不到应有的目的；鉴于会计工作的特殊性，企业一般不会让顶岗实习的学生接触很多实际资料。因此，对于刚学完基础会计的学生，因其所掌握的会计知识还不够多，一些基本的技能在校内模拟实训室完成比在企业中完成效果更好。

（2）通过实际操作，锻炼和提高学生实际工作能力

会计专业是实用型专业，会计学是一门实践性很强的学科，而在实际教学中存在会计理论与实际工作脱节的问题。例如，在《会计学基础》和《财务会计》等教材中，在阐述会计理论和经济业务的账务处理时，为了节省篇幅，一般都通过会计分录和T形账户来表述，也就是在编制会计凭证时以分录代替，在登记账簿时用T形账户来表示；教师在课堂讲授时，为了节省时间，也照此办理。这与实际工作中使用记账凭证和账簿相比严重脱节，为此经常出现刚毕业的学生向企业财会人员询问“怎么不见你们编制分录和登记T形账户”的笑话。还有些刚走上工作岗位的大学生，对被安排在出纳岗位上感到大材小用，实际上连支票也不会填制，类似情况曾有许多。

开展会计实训教学对学生进行技能实训，在教师的指导下，用企业财务部门使用的真实凭证、账表，按照《会计基础工作规范》和有关制度规定让学生进行实际、全面、系统的操作演练，可以提高学生实际工作能力，为将来上岗工作奠定良好的基础。

（3）通过严格实训，掌握和提高基本技能

根据实训教材及有关资料进行实训，无论是根据经济业务填制原始凭证，还是根据原始凭证填制记账凭证，以及登记账簿、编制报表等，均要求和在职会计人员一样，严格按照《会计基础工作规范》的有关规定，用正式凭证账表进行操作。例如，支票应严格按照银行结算办法要求填写；填制会计凭证的字迹必须清晰、工整，不得潦草；登记账簿时，应将会计凭证日期、编号、业务内容摘要、金额和其他有关资料逐项填入，做到数字准确、摘要清楚、登记及时；账簿中文字及数字的书写，不要写满格，一般占1/2以下；过页对账、结账和错账更正方法等，均应严格按规定办理；还有易被忽视的阿拉伯数字的书写，也必须符合要求。所有这些基本技能，都要经过严格的实训才能掌握和提高。

（4）可以检查学生会计专业知识的学习情况

传统的考试模式是一张试卷，而试卷对那些实践性强、能动性强的内容无法反映，只有回避，无益于检查会计课程的学习效果。基础会计模拟实训可以检查学生会计专业知识的学习情况，同时查漏补缺，弥补差距，检查学生的实际操作能力，使学生走上工作岗位后能立即得心应手、游刃有余。

（5）通过实训报告的撰写，提高写作水平和研究能力

实训报告是完成实训的书面总结，实训完毕后，应写出实训报告。实训报告包括的内容有实训内容、要求和步骤，实训时间，实训收获、体会、建议等。要求文字叙述精练、通顺、层次分明，并尽可能深入探讨一些问题。因此，通过撰写实训报告既可以促进学生钻研业务，进一步熟悉掌握有关制度，提高政策水平和业务能力，又可以提高写作水平与分析研究能力。

4. 技能实训项目内容

根据财会人员基本技能要求，可将基础会计模拟实训分为20个实训项目，有的是单项实训，有的是连续的综合实训。具体如下：

实训1 阿拉伯数字的书写；

实训2 汉字大写数字的书写；

实训3 大小写金额的书写；

实训4 原始凭证的填制；

实训5 原始凭证的审核；

实训6 记账凭证的填制；

实训7 记账凭证的审核；

实训8 建账；

实训9 记账；

实训10 错账更正；

实训11 对账与结账；

实训12 账簿的更换；

实训13 试算平衡表的编制；

实训14 银行存款余额调节表的编制；

实训15 总分类账与明细分类账发生额及余额对照表的编制；

实训16 资产负债表和利润表的编制；

实训17 记账凭证账务处理程序；

实训18 科目汇总表账务处理程序；

实训19 会计凭证的装订与保管；

实训20 实训报告的撰写。

5. 模拟实训要求

（1）建立会计实训室

建立会计实训室，也就是建立模拟财务处（科），设置各个岗位，室内陈设完全仿真，备有单位内部自制的和来自银行、供应、运输等单位的各种原始凭证，配备应有的办公用品，如计算机、科目章、印台、墨水、浆糊、大头针、回形针等，以及会计凭证、账簿、报表样本，墙壁上张贴业务流程图和岗位职责要求等。这样做的目的是使学生一进门就俨如到了财务科，产生身临其境的真实感。

（2）配备会计实训人员

为保证实践教学正常运行，要配备实训管理人员和实训教学人员（即模拟实训指导教师）。实训管理人员既要把实训教学管理好，又可兼做辅助教员（即协助实训指导教师把实训教学组织好）。因此，会计实训管理人员的要求包括：具有一定的会计专业知识；热爱本职工作；对工作

认真负责；在进行会计实训之前，准备好所需的设备和用品。

会计实训课的指导教师是传授会计技能并进行思想品德教育、完成技能实训计划的主要力量，对培养实用型会计人才负有重要职责。因此，对实训指导教师的要求包括：会计专业理论扎实；会计实践经验丰富；熟悉会计法规、税法及相关知识；爱岗敬业，工作责任心强。也就是说，应由责任心强的“双师型”教师担任模拟实训指导教师。

（3）对学生的要求

学生是进行会计技能实训的主体，对学生的要求包括：必须具备会计基础理论知识，实训前全面复习所学教材内容；遵守实训室规则；独立思考，不懂就问，按时出勤；服从实训管理人员、指导教师的管理，按指导教师的要求和进度按时完成各项实训和实训报告。

（4）制定技能实训教学计划

技能实训教学计划也称技能实训教学指导书或会计基础实训教学方案，是根据会计技能实训教学和会计专业培养目标制定的实训教学工作的指导文件。该计划包括实训的目的、要求、方法、内容、实施步骤、时间安排和考试等方面的规定。技能实训教学计划由教研室讨论制定，由实训指导教师具体贯彻执行。

（5）做好实训前的准备和实训后的总结

实训前，教师和学生应做好各种准备，包括理论知识准备、思想准备、所需实训物品设备准备。实训中，教师要每天填写实训记录，学生应写实训日记。实训结束后，学生、教师应写实训总结，对实训情况进行分析。

6. 技能实训的考核办法

为使实训教学收到良好的效果，必须加强对实训教学质量的评价考核，对学生实训成绩和教师工作质量严格考核，作出全面、客观的评价。实训教学由学生和教师共同进行，为全面、公正地评价其效果，必须从学生的学、教师的教两方面双向考核，即教师对学生进行考核评价，学生对教师进行考核评价。本考核着重对技能整体水平进行评估。

在实训教学中，对学生的考核要求包括：出勤、讨论、提问情况；训练目的、训练步骤和训练方法的运用情况；操作技能的掌握和熟练情况；实训报告的质量情况。

在实训教学中，对教师的考核要求包括：教学态度好，如备课、准备、辅导等情况；指导学生实训情况；实训计划的实施执行情况；教学被学生接受和受学生欢迎等情况；实训室环境卫生与实训设备管理情况。

对学生考核具体方法如下。

① 日常操作情况的考核。此部分占实训总成绩的20%，由指导教师不定时对学生的操作情况进行检查，再根据检查情况进行成绩评定。

② 凭证、账簿、报表的完成情况的考核。此部分占实训总成绩的55%，由指导教师检查凭证、账簿、报表的完成情况并进行成绩评定。检查时，应注意这些实训资料的正确性、及时性、规范性等。

③ 出勤情况的考核。此部分占实训总成绩的20%，按学生的实际出勤情况进行成绩评定。

④ 实训报告情况的考核。此部分占实训总成绩的5%。指导教师通过批阅学生的实训报告，对其实训进行考核，能进一步激发学生的创新思维，培养他们分析问题和解决问题的能力。

7. 模拟实训的组织

本模拟实训可采用以下两种组织方式。

① 分散实训，学习完基础会计相关课程后进行相应的实训。

② 集中实训，学习完基础会计全部课程后集中进行实训。

全部模拟实训约56课时左右，若集中实训则需要2周时间。

8. 企业简介

① 企业名称：恒美股份有限公司

② 地址：湖南省长沙市解放路202号

③ 电话：0731-3678906

④ 企业纳税人登记号：630121638978552

⑤ 基本开户行及账号：中国工商银行解放路支行　3207105305-31

⑥ 该企业为增值税一般纳税人，增值税税率为17%，所得税税率为25%；税后利润按10%提取法定盈余公积，按30%向投资者分配利润。

⑦ 公司设置的主要机构及部门负责人如下。

法人代表：欧阳明

生产车间主管：李明学

供应部主管：黄东俊

销售部主管：王丽娟

设备部主管：朱明媚

财务部经理：唐明海

仓库主管：曾红梅

会计主管：黄孝勇

会计：陈少学

出纳：严功智

记账：方宜平

医药费审批人：郑成军

⑧ 本公司主要加工食品A产品、B产品，所用材料有甲、乙，计量单位均为千克。

任务1

会计数字的书写

实训1　阿拉伯数字的书写

实训知识讲解

数字应当一个一个地写，不得连笔写。

① 阿拉伯数字书写顺序是从左到右，从高位到低位。

② 字体要各自成形，大小均衡，排列整齐，字迹工整、清晰。

③ 带圆的数字，如6、8、9、0，圆圈必须封口。

④ 同行的相邻数字之间要空出半个阿拉伯数字的位置。

⑤ 每个数字要紧靠凭证或账表行格底线书写，字体高度占行格高度的1/2以下，不得写满格，以便留有改错的空间。

⑥ “6”字要比一般数字向右上方长出1/4，“7”和“9”字要向左下方（过底线）长出1/4。

⑦ 字体要自右上方向左下方倾斜地写，倾斜度约45°。

阿拉伯数字的参考字体如下所示（由于排版原因，本教材中的数字手写部分一律采用斜体代替）。

1　2　3　4　5　6　7　8　9　0

实训目的和要求

① 掌握阿拉伯数字的标准写法，做到书写规范、清晰、流畅。

② 按照标准写法进行书写练习，直至书写规范、流畅，得到指导教师认可。练习时可使用会计数字练习用纸，也可用账页进行书写。

实训时间

完成本实训约需0.5学时。

实训资料

会计数字练习

班级：　　　　　　　　姓名：　　　　　　　　学号：　　　　　　　　教师评价：

实训 2　汉字大写数字的书写

实训知识讲解

① 汉字大写数字要以正楷或行书字体书写，不得连笔写。

② 不允许使用未经国务院公布的简化字或谐音字。汉字大写数字一律用“壹”“贰”“叁”“肆”“伍”“陆”“柒”“捌”“玖”“拾”“佰”“仟”“万”“亿”“元”“角”“分”“零”“整”等，不能用“毛”代替“角”，“另”代替“零”，等等。

③ 字体要各自成形，大小匀称，排列整齐，字迹要工整、清晰。

汉字大写数字参考字体如下所示。

壹	贰	叁	肆	伍	陆	柒	捌	玖	零	拾	佰	仟	万	元	角	分
壹	贰	叁	肆	伍	陆	柒	捌	玖	零	拾	佰	仟	万	元	角	分

实训目的和要求

① 掌握汉字大写数字的标准写法，做到书写规范、流畅。

② 按照标准写法进行书写练习，直至书写规范、流畅，得到指导教师认可。练习可用会计数字练习用纸或账页进行。

实训时间

完成本实训约需 0.5 学时。

实训资料

汉字大写数字练习

班级:　　　　姓名:　　　　学号:　　　　教师评价:

实训 3　大小写金额的书写

实训知识讲解

1. 小写金额的标准写法

① 阿拉伯金额数字前面应当书写货币币种符号或货币名称简写，币种符号和阿拉伯数字之间不得留有空白。凡阿拉伯数字前写出币种符号的，数字后面不再写货币单位。

② 以元为单位的阿拉伯数字，除表示单价等情况外，一律写到“角”“分”；没有“角”“分”的，角位和分位可写出“00”或“—”；有“角”无“分”的，分位应当写出“0”，不得用“—”代替。

③ 只有分位金额的，在元位和角位上各写一个“0”字并在“元”与“角”之间点一个小数点，如“¥0.06”。

④ 元以上每 3 位要空出半个阿拉伯数字的位置书写，如“¥7 938 198.52”；也可以 3 位一节用分位号分开，如“¥7,938,198.52”。

2. 大写金额的标准写法

① 大写金额要紧靠“人民币”三字书写，不得留有空白。如果大写数字前没有印好“人民币”字样，应加填“人民币”三字。

② 大写金额数字有“元”或“角”的，在“元”或“角”后写“整”字；大写金额有“分”的，“分”后面不写“整”字。例如，“¥53 000.00”应写为“人民币伍万叁仟元整”；再如，“¥68 651.30”应写为“人民币陆万捌仟陆佰伍拾壹元叁角整”，而“¥716.36”应写为“人民币柒佰壹拾陆元叁角陆分”。

③ 分位是“0”的，可不写“零分”字样。例如，“¥8.60”应写为“人民币捌元陆角整”。

④ 阿拉伯金额数字中间有“0”时，汉字大写金额要写“零”字。例如，“¥1 809.50”应写为“人民币壹仟捌佰零玖元伍角整”。

⑤ 阿拉伯金额数字元位是“0”的，或者数字中间连续有几个“0”，元位也是“0”，但角位不是“0”时，汉字大写金额可只写一个“零”字，也可不写“零”字。例如，“¥1 630.32”的汉字大写金额应写为“人民币壹仟陆佰叁拾元零叁角贰分”，或者写为“人民币壹仟陆佰叁拾元叁角贰分”；

又如，“¥97 000.53”的汉字大写金额应写为“人民币玖万柒仟元零伍角叁分”，或者写为“人民币玖万柒仟元伍角叁分”。

⑥ 阿拉伯金额数字角位是“0”，而分位不是“0”时，汉字大写金额“元”后面应写“零”字。例如，“¥6 509.01”的汉字大写金额应写为“人民币陆仟伍佰零玖元零壹分”；又如，“¥395.04”的汉字大写金额应写为“人民币叁佰玖拾伍元零肆分”。

⑦ 阿拉伯金额数字最高是“1”的，汉字大写金额加写“壹”字。例如，“¥18.80”的汉字大写金额应写为“人民币壹拾捌元捌角整”；又如，“¥135 800.00”的汉字大写金额应写为“人民币壹拾叁万伍仟捌佰元整”。

⑧ 在印有大写金额万、仟、佰、拾、元、角、分位置的凭证上书写大写金额时，金额前面如有空位，可画“⊗”注销，阿拉伯金额数字中间有几个“0”（含分位），汉字大写金额就写几个“零”字。例如，“¥100.50”的汉字大写金额应写为“人民币 × 万 × 仟壹佰零拾零元伍角零分”。

实训目的和要求

掌握大小写金额的标准写法，做到书写规范、清晰、流畅。

实训时间

完成本实训约需 0.5 学时。

实训资料

请在下表中完成大小写金额的相互书写。

大小写金额练习

班级：　　　　姓名：　　　　学号：　　　　教师评价：

	千	百	十	亿	千	百	十	万	千	百	十	元	角	分
人民币伍拾元肆角整														
人民币贰万元叁角陆分														
人民币柒拾玖亿零贰元捌角整														
人民币捌分														
人民币壹元玖角整														
	¥	3	0	8	8	9	0	0	0	8	8	5	4	5
							¥	4	4	3	4	6	8	0
						¥	3	2	1	5	4	0	0	0
					¥	2	0	0	0	2	3	7	0	7
				¥	3	6	0	0	0	0	0	9	0	0

任务2

原始凭证的填制与审核

实训4　原始凭证的填制

实训知识讲解

1. 原始凭证

原始凭证是指在经济业务发生时直接取得或填制的，用以记录经济业务的发生或完成情况的最初书面证明。

2. 原始凭证的分类方式

（1）原始凭证按来源可划分为外来原始凭证和自制原始凭证

外来原始凭证是指在经济业务完成时，从其他单位或个人直接取得的凭证。例如，发货票、运单、车船票、银行收款及付款通知等。自制原始凭证是指由本单位内部经办业务的部门或人员在执行和完成某项经济业务时，根据经济业务的内容自行填制的凭证，如收料单、领料单等。

（2）原始凭证按填制方法和手续可划分为一次凭证、累计凭证、汇总凭证

一次凭证是指一次记录一项或若干项同类经济业务的原始凭证，其填制手续是一次完成的，外来原始凭证及大部分自制原始凭证都是一次凭证，如发货票、银行结算凭证、收料单、领料单等；累计凭证是指在一定时期内连续记录若干项同类经济业务，填制手续是分次完成的原始凭证，主要适用于一些经常重复发生的经济业务，如工业企业使用的限额领料单等；汇总凭证又称原始凭证汇总表，是将记载同类经济业务的原始凭证定期汇总且另行编制的一种自制原始凭证，如发料凭证汇总表、工资汇总表等。

3. 原始凭证的内容

原始凭证的内容包括原始凭证的名称，填制凭证的日期和编号，经济业务的基本内容，填制凭证单位的名称或填制人姓名，接受凭证单位名称，经办人员的签名或盖章等。

4. 原始凭证填制的基本要求

特殊情况下的原始凭证应当符合下列附加条件。

① 从外单位取得的原始凭证，必须盖有填制单位的公章；从个人取得的原始凭证，必须有填制人员的签名或盖章。自制原始凭证必须有经办单位领导人或其指定的人员的签名或盖章。对外开出的原始凭证，必须加盖本单位公章。“白条”充当原始凭证是不符合要求的，在会计工作中应当避免出现“白条”。

② 凡填有大写和小写金额的原始凭证，大写与小写金额必须相符。购买实物的原始凭证，必须有验收证明。支付款项的原始凭证，必须有收款单位和收款人的收款证明。

③ 一式几联的原始凭证，应当注明各联的用途，只能以一联作为报销凭证。一式几联的发票和收据，必须用双面复写纸（发票和收据本身具备复写纸功能的除外）套写，并连续编号。作废时应当加盖“作废”戳记，连同存根一起保存，不得撕毁。

④ 发生销货退回的，除填制退货发票外，还必须有退货验收证明。退款时，必须取得对方的收款收据或汇款银行的凭证，不得以退货发票代替收据。

⑤ 职工因公外出的借款凭据，必须附在记账凭证之后。收回借款时，应当另开收据或退还借据副本，不得退还原借款凭据。

⑥ 经上级有关部门批准的经济业务，应当将批准文件作为原始凭证的附件；如果批准文件须单独归档，应当在凭证上注明批准机关名称、日期和文件字号。

5. 原始凭证错误的更正

《会计基础工作规范》规定，原始凭证不得涂改、挖补，如果发现原始凭证有错误的，应当由开出单位重开或者更正，更正处应当加盖开出单位的公章。我国《会计法》第十四条规定：“原始凭证记载的各项内容均不得涂改；原始凭证有错误的，应当由出具单位重开或者更正，更正处应当加盖出具单位印章。原始凭证金额有错误的，应当由出具单位重开，不得在原始凭证上更正。”

6. 填制会计凭证的书写规范

会计记录书写必须清晰、工整，不得潦草。具体要求如下。

① 阿拉伯数字应当一个一个地写，不得连笔写。阿拉伯金额数字前面应当书写货币币种符号或货币名称简写和币种符号。币种符号与阿拉伯金额数字之间不得留有空白。凡阿拉伯数字前写有币种符号的，数字后面不再写货币单位。

② 所有以元为单位（其他货币种类为货币基本单位，下同）的阿拉伯数字，除表示单价等情况外，一律填写到“角”“分”；无“角”“分”的，角位和分位可写“00”，或者符号“—”；有“角”无“分”的，分位应当写“0”，不得用符号“-”代替。

③ 汉字大写数字金额，如零、壹、贰、叁、肆、伍、陆、柒、捌、玖、拾、佰、仟、万、亿等，一律用正楷或行书体书写，不得用〇、一、二、三、四、五、六、七、八、九、十等简化字代替，不得任意自造简化字。大写金额数字到“元”或“角”为止的，在“元”或“角”字之后应当写“整”或“正”字；大写金额数字有“分”的，“分”字后面不写“整”或“正”字。

④ 大写金额数字前未印有货币名称的，应当加填货币名称（如人民币），货币名称与金额数字之间不得留有空白。

实训目的和要求

通过本实训，使学生全面掌握最基础、最常见的原始凭证的填制方法。要求每位学生能够独立完成各种空白原始凭证的填制任务。

实训时间

完成本实训约需6学时。

实训资料

1. 支票的填制

（1）支票填制注意事项

① 支票的出票日期填写必须使用中文大写。为防止变造支票的出票日期，在填写月、日时，月为壹、贰和壹拾的，日为壹至玖及壹拾、贰拾和叁拾的，应在其前面加"零"；日为拾壹至拾玖的，应在其前加"壹"。例如，"1月5日"应写成"零壹月零伍日"；"1月16日"应写成"零壹月壹拾陆日"；"10月7日"应写成"零壹拾月零柒日"；"10月20日"应写成"零壹拾月零贰拾日"。

② 支票上的收款人、付款行名、签发人栏目及账号应写单位全称或个人的姓名，不得简写。

③ 签发人签章处应盖上签发人在银行预留的签章（称为印鉴），一般使用本单位授权的财务专用章和法人代表的私章。

④ 支票上的大小写金额和收款人若填写错误则不得修改，须作废重填。

（2）支票的填制示例（见表2.1）

表2.1

中国工商银行 现金支票存根

00303384

附加信息

出票日期 2015年12月20日

收款人：	东方机械厂
金额：	¥4000.00
用途：	备用金

单位主管 李三波　会计 李晓明

中国工商银行 现金支票　00303384

出票日期（大写）贰零壹伍年壹拾贰月零贰拾日　付款行名称：中国工商银行广州市分行银口支行

收款人：东方机械厂　出票人账号：468945987

付款期限自出票之日起十天

人民币（大写）	亿	千	百	十	万	千	百	十	元	角	分
肆仟元整					¥	4	0	0	0	0	0

用途 备用金　密码

上列款项请从

我账户内支付

出票人签章　东方机械厂 财务专用章　复核　记账　李晓明印

（3）支票的填制业务

2015年12月21日，恒美股份有限公司开出转账支票，支付东方机械厂货款350 000元。该公司开户行及账号：中国工商银行广东分行银口支行，123456789。请据此填制支票，如表2.2所示。

表2.2

中国工商银行　转账支票存根

00303384

附加信息	
出票日期　年　月　日	
收款人：	
金　额：	
用　途：	
单位主管　会计	

中国工商银行　转账支票　00303384

付款期限自出票之日起十天

出票日期（大写）	付款行名称：
收款人：	出票人账号：

人民币（大写）	亿	千	百	十	万	千	百	十	元	角	分

用途	密码
上列款项请从我账户内支付	行号
出票人签章	复核　记账

2. 现金送款单的填制

（1）现金送款单的填制示例（见表2.3）

表2.3

中国工商银行现金存款凭条

2015年12月23日

存款人				
	全　称	广州市南方有限责任公司		
	账　号	023-69075	款项来源	销货款
	开户行	中国工商银行南山支行	交款人	广州市南方有限责任公司

金额（大写）肆万陆仟柒百元整	金额（小写）	千	百	十	万	千	百	十	元	角	分
				¥	4	6	7	0	0	0	0

票面	张数	十	万	千	百	十	元	票面	张数	千	百	十	元	备注
壹佰元	400		4	0	0	0	0	伍角						
伍拾元	120			6	0	0	0	壹角						
贰拾元								伍分						
拾元	70				7	0	0	贰分						
伍元								壹分						
壹元														

（2）现金送款单的填制业务

恒美股份有限公司于 2015 年 12 月 12 日将当日现金 7 690.7 元送存开户银行——中国工商银行解放路支行，3207105305-31。请据此填制现金送款单，如表 2.4 所示。

表2.4

中国工商银行现金存款凭条

年　月　日

存款人	全　称			
	账　号		款项来源	
	开 户 行		交 款 人	
金额（大写）			金额（小写）	千 百 十 万 千 百 十 元 角 分

票面	张数	十	万	千	百	十	元	票面	张数	千	百	十	元	备注
壹佰元								伍角						
伍拾元								壹角						
贰拾元								伍分						
拾元								贰分						
伍元								壹分						
壹元														

3. 进账单的填制

（1）进账单的填制示例（见表2.5）

表2.5

中国工商银行　进账单（回单）　1

2015年 12月 14日

出票人	全　称	晨光电子厂	收款人	全　称	广东南方机械有限公司
	账　号	34566677		账　号	91-9876234
	开户银行	中国工商银行莲花支行		开户银行	中国工商银行江南区支行
金额	人民币（大写）	柒万玖仟元整	亿 千 百 十 万 千 百 十 元 角 分		¥ 7 9 0 0 0 0 0
票据种类	转账支票	票据张数	1		
票据号码	87999888				
备注：					
复核	记账		开户银行签章		

此联是开户银行交给持（出）票人的回单

（2）进账单的填制业务

恒美股份有限公司于 2016 年 1 月 2 日销售货物给东方机械厂（开户行及账号：中国工商银行大理支行，3487666），货款合计 349 000 元，对方以现金支票（账号：57666223）支付。请据此填制进账单，如表 2.6 所示。

表2.6　　中国工商银行　进账单（回单）　1

年　月　日

出票人	全　称		收款人	全　称									
	账　号			账　号									
	开户银行			开户银行									
金额	人民币（大写）		亿	千	百	十	万	千	百	十	元	角	分
票据种类		票据张数											
票据号码													
备注：													
复核　　记账			开户银行签章										

此联是开户银行交给持（出）票人的回单

4. 银行汇票申请书的填制

（1）银行汇票申请书的填制示例（见表2.7）

表2.7　　交通银行结算业务申请书

申请日期 2015 年 12 月 04 日　　No 30153082

业务类型：□电汇　□信汇　☑汇票申请书　□本票申请书

申请人	全　称	东方公司	收款人	全　称	北方公司								
	账号或地址	23488766		账号或地址	876655554								
	开户银行	交通银行		开户银行	工行南山区办								
金额	人民币（大写）贰拾叁万柒仟元整		亿	千	百	十	万	千	百	十	元	角	分
					¥	2	3	7	0	0	0	0	0
上列相关款项请从我账户内支付：		支付密码	56777888888										
		电汇时需选择：	附加信息及用途：										
		普通：☑	支付计算机款										
申请人签章：		加急：□											

第一联　此联银行作记账凭证

会计主管：　　授权：　　复核：　　记账：

（2）银行汇票申请书的填制业务

2016 年 1 月 13 日，恒美股份有限公司填制银行汇票申请书，取得银行汇票一张，用来支付南方公司的货款 321 000 元。请据此填制银行汇票申请书，如表 2.8 所示。

表2.8

交通银行结算业务申请书

申请日期　　年　月　日　　　　No 30153082

业务类型：□电汇　　□信汇　　□汇票申请书　　□本票申请书

申请人	全　　称		收款人	全　　称	
	账号或地址			账号或地址	
	开户银行			开户银行	

		亿	千	百	十	万	千	百	十	元	角	分
金额	人民币（大写）											

上列相关款项请从我账户内支付：	支付密码	
	电汇时需选择： 普通：□ 加急：□	附加信息及用途：
申请人签章：		

会计主管：　　授权：　　复核：　　记账：

第一联 此联银行作记账凭证

5. 银行本票申请书的填制

（1）银行本票申请书的填制示例（见表2.9）

表2.9

交通银行结算业务申请书

申请日期2015年12月23日　　　　No 30153085

业务类型：□电汇　　□信汇　　□汇票申请书　　☑本票申请书

申请人	全　　称	光明有限责任公司	收款人	全　　称	泰山有限责任公司
	账号或地址	90-6476554		账号或地址	98456376
	开户银行	工行同山支行		开户银行	交通银行明山支行

		亿	千	百	十	万	千	百	十	元	角	分
金额	人民币（大写）叁万柒仟元整				¥	3	7	0	0	0	0	0

上列相关款项请从我账户内支付：	支付密码	567833333333
	电汇时需选择： 普通：□ 加急：□	附加信息及用途： 购货款
申请人签章：		

会计主管：　　授权：　　复核：　　记账：

第一联 此联银行作记账凭证

（2）银行本票申请书的填制业务

2015 年 12 月 24 日，恒美股份有限公司填制本票申请书，申请银行本票，用于支付东方有限责任公司的设备款 230 000 元。广东东方有限责任公司开户行及账号：工行中山支行，67809543。请据此填制银行本票申请书，如表 2.10 所示。

表2.10

交通银行结算业务申请书

申请日期　　年　月　日　　　　No 30153085

业务类型：□电汇　　□信汇　　□汇票申请书　　□本票申请书

申请人	全　称		收款人	全　称													
	账号或地址			账号或地址													
	开户银行			开户银行													
金额	人民币（大写）						亿	千	百	十	万	千	百	十	元	角	分
上列相关款项请从我账户内支付： 申请人签章：			支付密码														
			电汇时需选择： 普通：□ 加急：□				附加信息及用途：										

第一联　此联银行作记账凭证

会计主管：　　授权：　　复核：　　记账：

6. 银行承兑汇票的填制

（1）银行承兑汇票的填制示例（见表2.11）

表2.11

银行承兑汇票　1

汇票号码

出票日期（大写）贰零壹伍年壹拾贰月壹拾玖日　　第1号

出票人全称	哈尔滨市北方机械厂			收款人	全　称	山东汽车总厂											
出票人账号	23-56789032				账　号	98-56743215											
付款行全称	工行中山支行	行号	4589		开户银行		行号										
出票金额	人民币（大写）陆万捌仟元整						亿	千	百	十	万	千	百	十	元	角	分
										¥	6	8	0	0	0	0	0
汇票到期日（大写）	贰零壹陆年零壹月壹拾伍日			付款行	行　号												
承兑协议编号	981133				地　址												
本汇票请你行承兑，到期请予以支付。 出票人签章		本汇票已经承兑，到期日由本行汇款。 承兑行签章 承兑日期2015年12月19日															
		备注：				复核　　记账											

此联承兑行留存

（2）银行承兑汇票的填制业务

2015年12月24日，恒美股份有限公司开出银行承兑汇票一张，向东方有限责任公司购买价值为239 000元的货物。该票据到期日为2016年4月23日。东方有限责任公司的开户行：工行中山支行；行号：8790；银行承兑协议编号：675432。请据此填制银行承兑汇票，如表2.12所示。

表2.12

银行承兑汇票 1

汇票号码

出票日期（大写）　　年　月　日　　　　第　号

出票人全称				收款人	全称	
出票人账号					账号	
付款行全称		行号			开户银行	行号

出票金额	人民币（大写）	亿	千	百	十	万	千	百	十	元	角	分

汇票到期日（大写）		付款行	行号	
承兑协议编号			地址	

本汇票请你行承兑，到期请予以支付。 出票人签章	本汇票已经承兑，到期日由本行汇款。 承兑行签章 承兑日期　年　月　日	
	备注：	复核　　记账

此联承兑行留存

7. 商业承兑汇票的填制

（1）商业承兑汇票的填制示例（见表2.13）

表2.13

商业承兑汇票 1

汇票号码

出票日期（大写）贰零壹伍年壹拾贰月壹拾壹日　　第1号

付款人	全称	北方电力公司	收款人	全称	南方机械厂
	账号	89-5467843		账号	6754326789
	开户银行	中行中东路支行		开户银行	工行汉口支行

出票金额	人民币（大写）	亿	千	百	十	万	千	百	十	元	角	分
	叁拾肆万元整			¥	3	4	0	0	0	0	0	0

汇票到期日（大写）	贰零壹伍年零贰月壹拾伍日	付款人开户行	行号	7654
交易合同号码	4567		地址	

本汇票已经承兑，到期无条件付票款。 承兑人签章 承兑日期　年　月　日	本汇票请予以承兑于到期日付款。 出票人签章

此联承兑行留存

（2）商业承兑汇票的填制业务

2015年12月12日，恒美股份有限公司开出于2016年2月3日到期的商业承兑汇票一张，用于购买北京铝锭厂的货物，金额为897 000元，购货合同号码：98765。北京铝锭厂的开户行：中国银行海淀支行，账号：456789021，行号：34670。请据此填制商业承兑汇票，如表2.14所示。

表2.14

商业承兑汇票　1

汇票号码

出票日期（大写）　　年　月　日　　第　号

付款人	全　称		收款人	全　称													
	账　号			账　号													
	开户银行			开户银行													
出票金额		人民币（大写）			亿	千	百	十	万	千	百	十	元	角	分		
汇票到期日（大写）			付款人开户行	行号													
交易合同号码				地址													
本汇票已经承兑，到期无条件付票款。 承兑人签章 承兑日期　年　月　日			本汇票请予以承兑于到期日付款。 出票人签章														

此联承兑行留存

8. 银行借款单据的填制

（1）银行借款单据的填制示例（见表2.15）

表2.15

借款单第4联（回单）

2015年12月14日

借款单位名称	东方有限责任公司	贷款户账号	130984272368										
		存款户账号	0985678										
借款金额	人民币（大写）　壹拾万元整		金　额										
			亿	千	百	十	万	千	百	十	元	角	分
					¥	1	0	0	0	0	0	0	0
借款用途	生产周转借款	约定偿还日期	2016年04月10日										
上列借款已核准发放并已转入你单位账户。 中国银行江南市支行 灯塔街分理处 2015.12.14 转讫 （银行盖章）		备注：											

（2）银行借款单据的填制业务

2016年1月12日，恒美股份有限公司从工商银行借款49万元，用于生产周转，期限为3个月。请据此填制银行借款单据，如表2.16所示。

表2.16

借款单第4联（回单）

年　月　日

借款单位名称		贷款户账号											
		存款户账号											
借款金额	人民币 （大写）		金额										
			亿	千	百	十	万	千	百	十	元	角	分
借款用途		约定偿还日期											
上列借款已核准发放并已转入你单位账户。 （银行盖章）		备注：											

9. 普通发票的填制

（1）普通发票的填制示例（见表2.17）

表2.17

江南市供排水有限公司水费专用发票

发票联

国税企（111）

No 00125551

2015年12月30日　　地址：　　客户名称：恒美股份有限公司

月份	上月抄度	本月抄度	实用度数	收费项目	单价	金额						
						万	千	百	十	元	角	分
12	42000	52600	10600		0.8		8	4	8	0	0	0
备注：实用度数是上个月实际用水量												
合计	人民币（大写）捌仟肆佰捌拾元整					¥	8	4	8	0	0	0

第二联　记账联

填票人：李三波　　收款人：许杰　　企业（盖章有效）

（2）普通发票的填制业务

2015年12月22日，恒美股份有限公司向长沙鑫鑫公司销售办公桌椅17套，每套200元。请据此填制普通发票，如表2.18所示。

表2.18

恒美股份有限公司零售发票

发票联

0309914124

No 0893804

客户：　　　　　　　　　　　　　　　年　　月　　日

品名规格	单位	数量	单价	超过万元无效	金额						备注
					千	百	十	元	角	分	
合计人民币（大写）											

财务：　　　　　　　　　　开票人：张三　　　　　　　　　　单位盖章

10. 增值税专用发票的填制

（1）增值税专用发票的填制示例（见表2.19和表2.20）

表2.19

浙江增值税专用发票

抵扣联

3300044591　　　　　　　　　　　　　　　　No 00880009

开票日期：2015年12月20日

购买方	名称：南海机电有限公司 纳税人识别号：220010000002000 地址、电话：兴明路68号123456 开户行及账号：建行光明路分理处				密码区	（略）		
货物或应税劳务名称	规格型号	单位	数量	单价	金额	税率	税额	
A产品		件	500	250.00	125 000.00	17%	21 250.00	
B产品		件	1 000	180.00	180 000.00	17%	30 600.00	
					¥305 000.00		¥51 850.00	
价税合计（大写）	⊗叁拾伍万陆仟捌佰伍拾元整				（小写）¥356 850.00			
销售方	名称：顺达有限责任公司 纳税人识别号：110000000001678 地址、电话：江南市灯塔街66号0216-5155685 开户行及账号：工商银行灯塔路分理处654321				备注	顺达有限责任公司 110000000001678 发票专用章		

收款人：　　　　　　复核：　　　　　　开票人：张衡　　　　　　销售方：（章）

国税函［2015］102号 海南华森实业公司

第二联：抵扣联　购买方抵扣凭证

表2.20

浙江增值税专用发票

发票联

3300044591　　　　　　　　　　№ 00880009

开票日期：2015年12月20日

购买方	名　　称：南海机电有限公司 纳税人识别号：220010000002000 地 址、电 话：兴明路68号123456 开户行及账号：建行光明路分理处				密码区	（略）		
货物或应税劳务名称	规格型号	单　位	数　量	单　价	金　额	税　率	税　额	
A产品		件	500	250.00	125 000.00	17%	21 250.00	
B产品		件	1 000	180.00	180 000.00	17%	30 600.00	
					¥305 000.00		¥51 850.00	
价税合计（大写）	⊗叁拾伍万陆仟捌佰伍拾元整				（小写）¥356 850.00			
销售方	名　　称：顺达有限责任公司 纳税人识别号：110000000001678 地 址、电 话：江南市灯塔街66号0216-5155685 开户行及账号：工商银行灯塔路分理处654321				备注	顺达有限责任公司 110000000001678 发票专用章		

收款人：　　　　复核：　　　　开票人：张衡　　　　销售方：（章）

国税函〔2015〕102号 海南华森实业公司

第三联：发票联　购货方记账凭证

（2）增值税专用发票的填制业务

恒美股份有限公司于2015年12月25日向顺达有限责任公司销售A产品1 000千克，不含税价每千克100元，共计100 000元，增值税税额17 000元。顺达有限责任公司纳税人识别号：110000000001678；地址、电话：江南市灯塔街66号，0216-5155685；开户行及账号：工行灯塔路分理处，654321。请据此填制增值税专用发票，如表2.21和表2.22所示。

表2.21

湖南增值税专用发票

抵扣联

3300055889　　　　　　　　　　№ 00660408

开票日期：　年　月　日

购买方	名　　称： 纳税人识别号： 地 址、电 话： 开户行及账号：				密码区	（略）		
货物或应税劳务名称	规格型号	单　位	数　量	单　价	金　额	税　率	税　额	
价税合计（大写）								
销售方	名　　称： 纳税人识别号： 地 址、电 话： 开户行及账号：				备注			

收款人：　　　　复核：　　　　开票人：　　　　销售方：（章）

国税函〔2015〕102号 海南华森实业公司

第二联：抵扣联　购买方抵扣凭证

表2.22

3300055889

湖南增值税专用发票

发票联

No 00660408

开票日期：　　年　月　日

国税函〔2015〕102号 海南华森实业公司

购买方	名　　称： 纳税人识别号： 地 址、电 话： 开户行及账号：			密码区	（略）		
货物或应税劳务名称	规格型号	单　位	数　量	单　价	金　额	税　率	税　额
价税合计（大写）							
销售方	名　　称： 纳税人识别号： 地 址、电 话： 开户行及账号：			备注			

收款人：　　复核：　　开票人：　　销售方：（章）

第三联：发票联 购货方记账凭证

11. 借款单的填制

（1）借款单的填制示例（见表2.23）

表2.23

借 款 单

2015年12月31日

借款单位	总经理办公室	借款人	欧阳明
借款事由	出差		
金　额	人民币（大写）叁仟元整		¥3000.00

借款部门负责人：欧阳明　　会计主管：黄孝勇　　出纳：广功智　　领款人：欧阳明

（2）借款单的填制业务

2015年12月12日，恒美股份有限公司的采购员张红出差，到上海采购材料，预借差旅费1 000元。请据此填制借款单，如表2.24所示。

表2.24

借 款 单

年　月　日

借款单位		借款人	
借款事由			
金　额	人民币（大写）		¥

借款部门负责人：　　会计主管：　　出纳：　　领款人：

12. 收据的填制

（1）收据的填制示例（见表2.25）

表2.25

收　　据

客户名称：东方公司　　　　2015年12月22日

项目	单位	数量	单价	金额/元						
				万	千	百	十	元	角	分
设备租金	台	2	2500		5	0	0	0	0	0
合计金额	人民币伍仟元整			¥	5	0	0	0	0	0
开票单位	（盖章有效）		备注							

第二联 记账联

开票人：朱明媚　　　　收款人：（章）严功智

（2）收据的填制业务

2015年12月21日，恒美股份有限公司收到南方公司的设备租金40 000元。经手人：朱明媚；出纳员：严功智。请据此填制收据，如表2.26所示。

表2.26

收　　据

客户名称：　　　　年　　月　　日

项目	单位	数量	单价	金额/元						
				万	千	百	十	元	角	分
合计金额										
开票单位	（盖章有效）		备注							

第二联 记账联

开票人：　　　　收款人：（章）

13. 差旅费报销单的填制

（1）差旅费报销单的填制示例（见表2.27）

表2.27

差旅费报销单

2015年12月28日

月	日	时间	出发地	月	日	时间	到达地	机票费	车船费	住宿费		出差补助		其他	合计
										标准	实支	天数	金额		
12	13		广州市	12	13		北京市		862.00						862.00
12	16		北京市	12	16		广州市		862.00		600.00	4	800.00		2262.00
出差任务	采购业务		报销金额（人民币）叁仟壹佰贰拾肆元整									预借金额		3500.00	
			单位领导：李白				部门负责人：王光明		王光明印	出差人：王长海		报销金额		3124.00	
												结余金额		376.00	

（2）差旅费报销单的填制业务

2015年12月15日，恒美股份有限公司的采购员张红出差返回，报销差旅费。往返车票520元，住宿费300元，按单位财务规定补助490元（出差地为衡阳）。请填制差旅费报销单，如表2.28所示。

表2.28

差旅费报销单

年　　月　　日

月	日	时间	出发地	月	日	时间	到达地	机票费	车船费	住宿费		出差补助		其他	合计
										标准	实支	天数	金额		
出差任务			报销金额（人民币）									预借金额			
			单位领导：				部门负责人：			出差人：		报销金额			
												结余金额			

14. 入库单的填制

（1）入库单的填制示例（见表2.29）

表2.29

入 库 单

仓库：一号仓库　　　　2015年12月06日

材料编号	品名	单位	单价	计 量		差异	入库金额							
				应收	实收		十	万	千	百	十	元	角	分
	甲材料	千克	30	10	10					3	0	0	0	0
合 计									¥	3	0	0	0	0

第二联 记账联

负责人：王一　　　　经手人：李少华

（2）入库单的填制业务

恒美股份有限公司于2015年12月23日购进的乙材料经验收入库，共计30千克，每千克300元。请据此填制入库单，如表2.30所示。

表2.30

入 库 单

仓库：　　　　年　月　日

材料编号	品名	单位	单价	计 量		差异	入库金额							
				应收	实收		十	万	千	百	十	元	角	分
合 计														

第二联 记账联

负责人：　　　　经手人：

15. 领料单的填制

（1）领料单的填制示例（见表2.31）

表2.31

领 料 单

领料单位：生产车间　　　　　　　　　　　　　　　　　　　　凭证编号：
用　　途：生产A产品　　　　2015年12月03日　　　　　　　　发料仓库：一号仓库

材料类别	材料名称及规格	材料编号	计量单位	计量		单价	金额							
				请领	实发		十	万	千	百	十	元	角	分
	甲材料		千克	10	10	1000		1	0	0	0	0	0	0
合　计				10	10	1000	¥	1	0	0	0	0	0	0

第二联　记账联

记账：　　　　发料：李少华　　　　领料负责人：李明学　　　　领料：张红

（2）领料单的填制业务

2015年12月30日，生产车间为了生产B产品在一号仓库领用甲材料20千克，每千克30元；乙材料40千克，每千克48元。请据此填制领料单，如表2.32所示。

表2.32

领 料 单

领料单位：　　　　　　　　　　　　　　　　　　　　　　　　凭证编号：
用　　途：　　　　　　　　年　　月　　日　　　　　　　　　发料仓库：

材料类别	材料名称及规格	材料编号	计量单位	计量		单价	金额							
				请领	实发		十	万	千	百	十	元	角	分
合　计														

第二联　记账联

记账：　　　　发料：　　　　领料负责人：　　　　领料：

16. 制造费用分配表的填制

（1）制造费用分配表的填制示例（见表2.33）

表2.33

制造费用分配表

2015年12月31日

应借账户		第一生产车间			合　计
		生产工人工资	分配率	金额/元	
生产成本	A产品	10000		20000	
	B产品	20000		40000	
合　计		30000	2.0000	60000	

会计主管：王虹　　审核：　　制单：李少军

（2）制造费用分配表的填制业务

2015年12月31日，恒美股份有限公司生产A、B产品的制造费用(共同费用)为30 000元，按生产A、B产品的生产工人工资比例分配制造费用。其中，A产品的生产工人工资为30 000元，B产品的生产工人工资为50 000元。请据此填写制造费用分配表，如表2.34所示。

表2.34

制造费用分配表

年　月　日

应借账户		________车间			合　计
		生产工人工资	分配率	金额/元	
生产成本					
合　计					

会计主管：　　审核：　　制单：

17. 电汇凭证的填制

（1）电汇凭证的填制示例（见表2.35）

表2.35　　中国工商银行 电汇凭证（借方凭证）

普通☑　加急□　　委托日期　2015年12月21日

汇款人	全　称	江南市华荣工厂	收款人	全　称	胜利有限责任公司
	账　号	3287419		账　号	9054321
	汇出地点	辽宁省江南市/县		汇入地点	吉林省江西市/县
汇出行名称		工行南江分理处	汇入行名称		工行光明分理处

金额	亿	千	百	十	万	千	百	十	角	分
人民币（大写）壹万捌仟元整				¥	1	8	0	0	0	0

	支付密码
	附加信息及用途：偿还前欠货款
汇款人签章	复核　　记账

此联汇出行作借方凭证

（2）电汇凭证的填制业务

恒美股份有限公司于2015年12月23日通过电汇方式向光明有限责任公司汇款78 000元，用以偿还原欠货款。光明有限责任公司开户行：工商银行大同分理处。请据此填制电汇凭证，如表2.36所示。

表2.36　　中国工商银行 电汇凭证（借方凭证）

普通□　加急□　　委托日期　　年　　月　　日

汇款人	全　称		收款人	全　称	
	账　号			账　号	
	汇出地点			汇入地点	
汇出行名称			汇入行名称		

金额	亿	千	百	十	万	千	百	十	角	分
人民币（大写）										

	支付密码
	附加信息及用途：
汇款人签章	复核　　记账

此联汇出行作借方凭证

18. 中华人民共和国税收缴款书

（1）中华人民共和国税收缴款书的填制示例（见表2.37）

表2.37

中华人民共和国税收缴款书

（国家税务总局 税收票证监制章）

No 4455582

隶属关系：　　　　　　　　　　　　　　　　　　　　地缴字（甲）

注册类型：股份制　　　　填发日期：2015年12月09日　　　　征税机关：

缴款单位（人）			预算科目		
	代　码	110000000001678		编　码	
	全　称	顺达有限责任公司		名　称	
	开户银行	工行江南市灯塔分理处		级　次	
	账　号	654321	收款国库		
税款所属时期2015年11月			税款限缴日期2016年12月10日		

品目名称	课税数量	计税金额或销售收入	税率或单位税额	已缴或扣除额	实缴金额								
					百	十	万	千	百	十	元	角	分
增值税						1	0	0	2	5	0	0	0
城建税							1	0	5	7	3	5	0
教育费附加								4	5	3	1	5	0
金额合计（大写）壹拾壹万伍仟叁佰伍拾伍元整					¥	1	1	5	3	5	5	0	0

缴款单位（人）（盖章）	税务机关（盖章）	上列款项已收妥并划转收款单位账户	备注：
	江南市国家税务局（06）征税专用章	中国工商银行江南市支行（106）地税征收专用章	
经办人（章）	填票人（章）	国库（银行）盖章　2015年12月09日	

无银行收讫章无效

第一联（收据）国库（银行）收款盖章后退缴款单位（人）作完税凭证

逾期不缴按税法规定加收滞纳金

（2）中华人民共和国税收缴款书的填制业务

恒美股份有限公司缴纳2015年12月份的增值税税额5 600元，城建税税额392元，教育费附加280元。请据此填制税收缴款书，如表2.38所示。

表2.38

中华人民共和国税收缴款书

No 4455582

隶属关系：　　　　　　　　　　　　　　　　　　　　　　　　　　地缴字（甲）

注册类型：　　　　　　填发日期：　　年　　月　　日　　　　　　征税机关：

缴款单位（人）	代　码		预算科目	编　码	
	全　称			名　称	
	开户银行			级　次	
	账　号		收款国库		
税款所属时期			税款限缴日期　年　月　日		

品目名称	课税数量	计税金额或销售收入	税率或单位税额	已缴或扣除额	实缴金额								
					百	十	万	千	百	十	元	角	分
金额合计（大写）													

缴款单位（人）（盖章）	税务机关（盖章）	上列款项已收妥并划转收款单位账户	备注：
经办人（章）	填票人（章）	国库（银行）盖章　年　月　日	

无银行收讫章无效

第一联（收据）国库（银行）收款盖章后退缴款单位（人）作完税凭证

逾期不缴按税法规定加收滞纳金

19. 固定资产折旧计算表的填制

（1）固定资产折旧计算表的填制示例（见表2.39）

表2.39

固定资产折旧计算表

2015年12月31日　　　　　　　　万元

科　目	部　门	项　目	月初计提折旧的固定资产原价	月折旧率/%	折旧额
制造费用	生产车间	房屋建筑物	100	1	1
		机器设备	1 000	2	20
管理费用	管理部门	非生产用固定资产	80	1	0.8
其他业务支出		经营性出租	10	1.5	0.15
合　计			1 190		21.95

会计主管：李三波　　　　　　审核：王明　　　　　　制单：陈东

（2）固定资产折旧计算表的填制业务

恒美股份有限公司计算 2015 年 12 月的折旧费。其中，房屋建筑物原值 700 万元，机器设备 800 万元，非生产用房屋 60 万元。月折旧率分别为 3%、5%、1%。请据此填制固定资产折旧计算表，如表 2.40 所示。

表2.40　　固定资产折旧计算表

年　月　日　　元

科　目	部　门	项　目	月初计提折旧的固定资产原价	月折旧率/%	折 旧 额
制造费用					
管理费用					
其他业务支出					
合　计					

会计主管：　　审核：　　制单：

20. 产品销售成本计算表的填制

（1）产品销售成本计算表的填制示例（见表2.41）

表2.41　　产品销售成本计算表

2015年 12月 31日

产品名称	销售数量/万个	单位成本/元	总成本/万元
A产品	30	60	1 800
B产品	40	15	600
合　计			

会计主管：张红　　审核：李鹏　　制单：王小燕

（2）产品销售成本计算表的填制业务

恒美股份有限公司计算 2015 年 12 月的产品销售成本。其中，销售 A 产品 70 万个，每个成本 88 元；销售 B 产品 90 万件，每个成本 70 元。请据此填制产品销售成本计算表，如表 2.42 所示。

表2.42　　产品销售成本计算表

年　月　日

产品名称	销售数量/万件	单位成本/元	总成本/万元
合　计			

会计主管：　　审核：　　制单：

实训 5 原始凭证的审核

实训知识讲解

任何原始凭证都必须经过严格审核无误后，才能作为记账的依据。这既是会计的基础工作，也是会计监督的重要环节。原始凭证的审核主要包括以下 4 个方面的内容：合法性、合规性和合理性审核，完整性审核，真实性和正确性审核，及时性审核。

（1）合法性、合规性和合理性审核

审核原始凭证所反映的经济业务是否合法、合理，即是否符合有关政策、法令、制度、计划、预算和合同等规定，是否符合审批权限和手续，是否履行了规定的凭证传递程序；费用开支是否符合开支标准，是否符合节约原则等。对于违法乱纪、涂改、伪造冒领等非法行为，应扣留凭证，根据有关法规，进行严肃处理。

（2）完整性审核

审核原始凭证的项目内容是否填列齐全，手续是否完备，凭证联次是否正确，有关经办人员是否都已签名或盖章，是否经过有关主管人员审批同意等。对于手续不完备、内容不全的凭证，如属于本单位填制的，应退回填制部门，要求更正、补填或注销重新填制；如属于外单位来的，应拒绝接受，退回原单位。

（3）真实性和正确性审核

审核原始凭证所反映的内容有无掩盖、伪造、歪曲和颠倒，原始凭证的日期、摘要和业务内容是否填写清楚、易于辨认，数量、单价、金额、合计数有无差错，大写与小写金额是否相符等。对于数字填写有差错的凭证，应退还经办人员进行更正后才能受理。

（4）及时性审核

审核经济业务发生或完成时是否及时填制了有关原始凭证，是否及时进行了凭证的传递。审核时应注意审查凭证的填制日期，尤其是支票、商业汇票等时效性较强的原始凭证，更应仔细验证其签发日期。

经审核的原始凭证应根据不同的情况分别进行处理。

① 对于完全符合要求的原始凭证，应及时据以编制记账凭证。

② 对于真实、合法、合理但内容不够完整、填写有错误的原始凭证，应退回给有关经办人员，由其负责将有关原始凭证补充完整、更正错误或重开后，再办理正式会计手续。

③ 对于不真实、不合法的原始凭证，会计机构和会计人员有权不予接受，并向单位负责人报告。

实训目的和要求

通过本实训，使学生掌握原始凭证的审核技能，要求学生独立完成相关原始凭证的审核工作。

实训时间

完成本实训约需4学时。

实训资料

请分析、判断下述原始凭证的取得及填制是否合理、合法、正确。（参考答案请扫描本书第38页二维码获取。）

（1）增值税专用发票（见表2.43）

表2.43

浙江增值税专用发票

抵扣联

3300055130　　No 00660008

开票日期：2015年12月17日

国税函［2015］103号 海南华森实业公司

购买方	名　　称：顺达有限责任公司 纳税人识别号：110000000001678 地 址、电 话：江南市灯塔路66号　0216-5155685 开户行及账号：工商银行灯塔路分理处　654321				密码区	（略）	
货物或应税劳务名称	规格型号	单位	数量	单价	金额	税率	税额
铣床		台	1	20 000.00	20 000.00	17%	3 400.00
					¥20 000.00		¥3 400.00
价税合计（大写）	贰万叁仟肆佰元整				（小写）¥23 400.00		
销售方	名　　称：江南市物资设备有限责任公司 纳税人识别号：118880000002077 地 址、电 话：庆春路256号　7651236 开户行及账号：建行江南市灯塔路分理处　588264				备注		

第二联 抵扣联 购货方扣税凭证

收款人：　　复核：　　开票人：陈青青　　销售方：（章）

（2）商业零售普通发票（见表2.44）

表2.44

江南市商业零售发票

发票联

客户名称：顺达有限责任公司　　2015年12月07日

货号	品名	规格	单位	数量	单价	金额/元 万	千	百	十	元	角	分
	办公用纸	A4	令	18	20			3	6	0	0	0
合计金额	叁佰陆拾元整						¥	3	6	0	0	0
开票单位	（盖章有效）			备注								

现金收讫

第二联 记账联

开票人：许艳萍　　收款人：（章）陈巧玲

（3）服务业普通发票（见表2.45）

表2.45

江南市服务业发票

发票联

客户名称：　　　　　　　　　　2015年12月15日

项　目	单　位	数　量	单　价	金额/元							
				十	万	千	百	十	元	角	分
产品咨询费					3	8	0	0	0	0	0
合计金额	叁万捌仟元整			¥	3	8	0	0	0	0	0
开票单位	（盖章有效）	备注									

第二联　记账联

开票人：陈江玲　　　　　　　　　　收款人（章）

（4）门诊收费收据（见表2.46）

表2.46

门诊收费收据（A）

NO 1216306

年　　月　　日

姓名：　　　　　　　　　　收费凭证　遗失不补

项　目	金　额	项　目	金　额
西药费	78.00	输血费	
中药费	22.00	氧气费	
检查费		观察费	
治疗费		注射费	
透视照相		自费药	
手术费			
化验费		合计	100.00
合计（大写）	⊗壹佰元整		

（5）收据（见表2.47）

表2.47

收　据

客户名称：江南市大华工厂　　　　2015年12月15日

项　目	单　位	数　量	单　价	金额 万	千	百	十	元	角	分
租金					5	0	0	0	0	0
合计金额				¥	5	0	0	0	0	0
开票单位	（盖章有效）		备注							

第二联　记账联

（印章：顺达有限责任公司 财务专用章）

开票人：　　　　收款人（章）杨小玲

（6）领料单（见表2.48）

表2.48

领　料　单

领料单位：生产车间　　　　凭证编号：

用　　途：　　　　2015年12月03日　　　　发料仓库：一号仓库

材料类别	材料名称及规格	材料编号	计量单位	计量 请领	计量 实发	单　价	金额 十	万	千	百	十	元	角	分
	甲材料		吨	10	10	1000		1	0	0	0	0	0	0
合计				10	10	1000	¥	1	0	0	0	0	0	0

第二联　记账联

记账：　　　　发料：李少华　　　　领料负责人：　　　　领料：张红

（7）支票存根（见表2.49）

表2.49

中国工商银行
现金支票存根
3789621

附加信息

出票日期　2015年12月06日

收 款 人：	
金　　额：	¥2000.00
用　　途：	

单位主管 李明　　　　会计

（8）现金支票（见表2.50）

表2.50

中国工商银行　现金支票

付款期限自出票之日起十天

出票日期（大写）贰零壹伍年零壹月零贰拾日　　付款行名称：中国工商银行广东分行银口支行

收款人：恒美股份有限公司　　出票人账号：468945987

人民币（大写）	亿	千	百	十	万	千	百	十	元	角	分
肆仟元整					¥	4	0	0	0	0	0

用途 备用金　　密码______

上列款项请从

我账户内支付

（印章：前进机械厂 财务专用章）

出票人签章　　复核　　记账

（9）银行借款单据（见表2.51）

表2.51

借　款　单

2015年12月15日

借款单位名称	恒美股份有限公司	贷款户账号	09598772368
		存款户账号	654321

借款金额	人民币（大写）拾万元整	亿	千	百	十	万	千	百	十	元	角	分
				¥	1	0	0	0	0	0	0	0

借款用途		约定偿还期限	2015年06月16日
上列借款已核准发放并已转入你单位账户。 （印章：中国银行江南市支行 灯塔街分理处 2015.12.15 转讫） （银行盖章）		备注：	

（10）银行凭证领用单（见表2.52）

表2.52

中国工商银行（　　）

空白凭证领用单（代缴费回单）

科目：　　　　　　　　　　　　　　　　No

户名：恒美股份有限公司　　　　账号：78084321　　　　2015年12月02日

第二联　由开户银行专柜送出纳收款

盖章后送专柜退领用单位存查或代传票

凭证种类：每本页（份）数	起止号码：起号	起止号码：止号	名称	数量	单价	金额：万	十	百	千	百	十	元	角	分
20	001	020	现金支票	1	25.00						2	5	0	0
20	030	050	转账支票	1	25.00						2	5	0	0
合计										¥	5	0	0	0
人民币（大写）伍拾元整														

中国银行江南市支行　灯塔街分理处　2015.12.02　转讫

企业主管：　　会计：　　记账：　　银行复核员：　　审查员：

表2.43答案　表2.44答案　表2.45答案　表2.46答案　表2.47答案

表2.48答案　表2.49答案　表2.50答案　表2.51答案　表2.52答案

任务3 记账凭证的填制与审核

实训6 记账凭证的填制

实训知识讲解

1. 专用记账凭证的选择

单位采用专用记账凭证进行会计核算的，应根据经济业务内容选择正确的记账凭证种类。

① 收款凭证：适用于现金、银行存款收入的业务。

② 付款凭证：适用于现金、银行存款支付业务及现金银行存款相互划拨的业务。

③ 转账凭证：适用于不涉及现金、银行存款收付的业务。

④ 如果某项业务既涉及收、付款业务，又涉及转账业务，则应分别编制收、付款凭证和转账凭证。

⑤ 日期：一般应按记账凭证的填制日期填写。

⑥ 编号：记账凭证应以月为单位，顺序编号，一张记账凭证编一个号，不得重号、漏号、错号。每月最后一张记账凭证编号的后面应加注“全”字。

记账凭证的编号方法主要有以下3种。

① 一类编号法，即每月不分经济业务内容，将所有的记账凭证按照填制日期从1号开始顺序编号。

② 三类编号法，即将每月所有的记账凭证按其所反映的经济内容分为收款、付款、转账3类，再分别按每一类的顺序进行编号。

③ 如果一笔经济业务需要填制一张以上的记账凭证时，记账凭证的编号采用分数编号法。

2. 记账凭证的编制步骤

（1）摘要

摘要应对经济业务做简要说明，要抓住经济业务的要点，文字要简练明确，不可漏填或错填。

（2）会计科目

① 总账科目：应按记账凭证格式所涉及的会计科目栏，正确填写总分类科目的全称，不得只填写总分类科目的代码。

② 明细科目：应按记账凭证格式所涉及的会计科目栏，正确填写明细科目的全称，不得只填明细会计科目的代码。

③ 方向：应正确填写应记账户的借、贷方向。

④ 会计分录。

⑤ 附原始凭证的张数如下。

- 应在记账凭证上注明所附原始凭证的张数。
- 如果根据同一张原始凭证编制两张或两张以上的记账凭证，可将这张原始凭证附在主要记账凭证的后面，并在未附有原始凭证的记账凭证上注明“单据 × 号，附在第 × 号记账凭证上”，以便复核和查阅。
- 如有重要资料或原始凭证过多，需要另行保管的，也应在记账凭证背面加以说明。
- 如果原始凭证上所列费用应由两个以上单位共同负担，应开给其他应负担部分费用支出的单位原始凭证分割单。

实训目的和要求

使学生掌握记账凭证的基本内容和填制方法。

实训时间

完成本实训需约 10 学时。

实训资料

资料 1：恒美股份有限公司 2015 年 12 月份发生下列交易或事项，请根据资料填制记账凭证。

1）1 日，出纳员填写现金支票一张，从银行提取现金 3 000 元。支票存根如表 3.1 所示。

表3.1

中国工商银行
现金支票存根
01621921

附加信息

出票日期2015年12月01日

收款人：	恒美股份有限公司
金　额：	¥3000.00
用　途：	备用

单位主管　　　　会计

2）2 日，采购员张红填写借款单，并经有关人员签字同意，预借差旅费 3 600 元，以现金支付。

借款单如表3.2所示。

表3.2

借 款 单

2015年12月02日

部　门	供应部	借款事由	差旅费		
借款金额	金额（大写）叁仟陆佰元整　¥3600.00				
批准金额	金额（大写）叁仟陆佰元整　¥3600.00				
领　导	黄东俊	会计主管	黄孝勇	借款人	张红

3）3日，从环宇公司购进甲材料1 300千克，开出支票付款，材料尚未运到。有关原始凭证如表3.3和表3.4所示。

表3.3

中国工商银行
转账支票存根
01621922

附加信息

出票日期2015年12月03日

收款人：	恒美股份有限公司
金　额：	¥304200.00
用　途：	备用

单位主管　　会计

表3.4

湖南增值税专用发票

发票联

开票日期：2015年12月03日

购买方	名　称：恒美股份有限公司 纳税人识别号：630121638978552 地址、电话：长沙市解放路202号　0731-3678906 开户行及账号：工商银行解放路支行　3207105305-31			密码区	6+-〈2〉6〉927+296+/* 加密版本：01 446〈600375〈35〉〈4/* 37009931410 2-2〈2051+24+2618〈7　07050445 /3　15〉〉09/5/-1〉〉〉+?		
货物或应税劳务名称	规格型号	单位	数量	单价	金额	税率	税额
甲材料		千克	1 300	200	260 000.00	17%	44 200.00
合　计					¥260 000.00		¥44 200.00
价税合计（大写）	⊗叁拾万肆千贰佰元整				（小写）¥304 200.00		
销售方	名　称：环宇公司 纳税人识别号：370863786263889 地址、电话：辽阳市解放路108号　5660368 开户行及账号：中国农业银行环翠区支行　56010112364			备注			

第三联 发票联 购货方记账凭证

收款人：　　复核：　　开票人：林强　　销售方：（章）

4）4日，将从环宇木材公司购入的甲材料运到公司并验收入库。材料入库单如表3.5所示。

表3.5

材料入库单

供应单位：环宇木材公司

发票号：　　　　2015年12月04日　　　　字第　号

材料类别	材料名称	规格材质	计量单位	应收数量	实收数量	单价	金额								
							百	十	万	千	百	十	元	角	分
	甲材料		千克	1300	1300	200		2	6	0	0	0	0	0	0
检验结果		检验员签章		运杂费											
				合　计			¥	2	6	0	0	0	0	0	0
备注															

第三联 会计

仓库：　　　　材料会计：　　　　收料员：曾红梅　　　　制单：

5）11日，收到天和公司投入企业资金80 000元的转账支票，已填写进账单，连同支票一并送存银行，并已收到进账单(收账通知)。有关单据如表3.6和表3.7所示。

表3.6

中国工商银行　进账单（收账通知）　3

2015年12月11日

			收款人											
出票人 全　称	天和公司		收款人 全　称	恒美股份有限公司										
出票人 账　号	3688852		收款人 账　号	3207105305-31										
出票人 开户银行	工行南大街支行		收款人 开户银行	工行解放路支行										
金额 人民币（大写）	捌万元整			亿	千	百	十	万	千	百	十	元	角	分
							¥	8	0	0	0	0	0	0
票据种类	转账支票	票据张数	1											
票据号码														
备注：														
复核　　记账				收款人开户银行签章										

此联是收款人开户银行交给收款人的收账通知

表3.7

统一收款收据（三联单）

第三联：记账依据

2015年12月08日

No 6703520

交款单位或交款人	天和公司	收款方式	转账支票
事　由 投资 人民币（大写）捌万元整　¥80000.00			备注： 投资期10年

收费说明：不得作行政事业性收据使用

收款单位（盖章）：（章）　　收款人（签章）：唐明海

6）15日，从工商银行借入期限为6个月的借款150 000元。有关单据如表3.8所示。

表3.8

中国工商银行借款凭证（代回单）

2015年12月15日

借款单位名称		恒美股份有限公司		放款账号：7-12	往来账号：728-12992
借款金额		人民币（大写）壹拾伍万元整　¥150000.00			
种类	生产周转借款	单位提出期限	自2015年12月15日至2016年06月15日止	利率	8%
		银行核定期限	自2015年12月15日至2016年06月15日止		
上列借款已收入你单位往来户内 单位（银行签章）			单位会计分类		

第四联　交借款单位

7）18日，签发转账支票偿还前欠兴达公司货款10 000元，并收到兴达公司开具的收款收据。支票存根和收款收据如表3.9和表3.10所示。

表3.9

中国工商银行
转账支票存根
01621925

附加信息

出票日期2015年12月18日

收款人：	恒美股份有限公司
金　额：	¥10000.00
用　途：	偿还货款

单位主管　　会计陈少学

表3.10

统一收款收据（三联单）

第二联：收据　　2015年12月18日　　No 8803529

交款单位或交款人	恒美股份有限公司	收款方式	转账支票
事　由　收回所欠货款 人民币（大写）壹万元整　　¥10000.00			备注：

收费说明：不得作行政事业性收费收据使用

收款单位（盖章）：（章）　　收款人（签章）：

8）18日，仓库发出材料供有关部门使用。领料单如表3.11至表3.14所示。

表3.11

领　料　单

领料部门：生产车间　　2015年12月18日

材料		单位	数量		单位成本/元	金额/元	过账
名称	规格		请领	实发			
甲材料		千克	4000	4000	10	40000.00	
乙材料		千克	3000	3000	5	15000.00	
工作单号		用途	生产A产品				
工作项目							

会计：　　记账：　　发料：曾红梅　　领料：李明学

表3.12

领 料 单

领料部门：生产车间

2015年12月18日

材料		单位	数量		单位成本/元	金额/元	过账
名称	规格		请领	实发			
甲材料		千克	3000	3000	10	30000.00	
乙材料		千克	2000	2000	5	10000.00	
工作单号		用途	生产B产品				
工作项目							

会计： 记账： 发料：曾红梅 领料：李明学

表3.13

领 料 单

领料部门：生产车间

2015年12月18日

材料		单位	数量		单位成本/元	金额/元	过账
名称	规格		请领	实发			
乙材料		千克	1 600	1 600	5	8000.00	
工作单号		用途	车间一般耗用				
工作项目							

会计： 记账： 发料：曾红梅 领料：李明学

表3.14

领 料 单

领料部门：供应部

2015年12月18日

材料		单位	数量		单位成本/元	金额/元	过账
名称	规格		请领	实发			
甲材料		千克	500	500	10	5000.00	
工作单号		用途	行政管理使用				
工作项目							

会计： 记账： 发料：曾红梅 领料：黄东俊

9）19 日，以银行存款 140 000 元发放上月职工工资。工资结算汇总表如表 3.15 所示。

表3.15

工资结算汇总表

2015年12月19日　　　　元

部　门	计时工资	计件工资	工资性津贴	奖金	应扣工资		应付工资
					事假	病假	
生产A产品		32 000	20 000	8 100	60	40	60 000.00
生产B产品		28 000	10 000	2 000			40 000.00
车间管理人员	23 500						23 500.00
行政管理人员	16 500						16 500.00
合　计	40 000	60 000	30 000	10 100	60	40	140 000.00

10）20 日，销售给红星公司 A 产品 5 000 件，货已发出，并向银行办妥托收手续。有关单据如表 3.16 和 3.17 所示。

表3.16

湖南增值税专用发票

此联不作报销、扣税凭证　　　　开票日期：2015年12月20日

购买方	名　　称：红星公司 纳税人识别号：370866786635598 地 址、电 话：合肥市乐水路16号　5230355 开户行及账号：工商银行乐水路支行　5600–9696	密码区	6+–〈2〉6〉869+296+/ ★ 加密版本：01　446 〈600375　〈35〉　〈4/　★　37055931410　2 –2〈2051+24+2618〈7　09050445　/3–15〉〉 09/5/–1〉〉〉+2

货物或应税劳务名称	规格型号	单　位	数　量	单　价	金　额	税率	税　额
A产品		件	5 000	600	3 000 000.00	17%	510 000.00
合　计					¥3 000 000.00		¥510 000.00
价税合计（大写）	⊗ 叁佰伍拾壹万元整				（小写）¥3 510 000.00		

销售方	名　　称：恒美股份有限公司 纳税人识别号：630121638978552 地 址、电 话：长沙市解放路202号　0731–3678906 开户行及账号：工行长沙市解放路支行　3207105305–31	备注	

收款人：　　　　复核：　　　　开票人：王红　　　　销售方：（章）

表3.17

托收承付凭证（回单）

委托日期2015年12月20日

<table>
<tr><td colspan="2">业务类型</td><td colspan="20">委托收款（□邮划、□电划） 托收承付（□邮划、□电划）</td></tr>
<tr><td rowspan="3">付款人</td><td>全 称</td><td colspan="3">红星公司</td><td rowspan="3">收款人</td><td>全 称</td><td colspan="15">恒美股份有限公司</td></tr>
<tr><td>账 号</td><td colspan="3">5600-9696</td><td>账 号</td><td colspan="15">3207105305-31</td></tr>
<tr><td>地 址</td><td>辽宁省大连市/县</td><td>开户行</td><td>工行</td><td>地 址</td><td colspan="5">湖南省长沙市/县</td><td colspan="3">开户行</td><td colspan="7">工行长沙市解放路支行</td></tr>
<tr><td rowspan="2">金额</td><td colspan="9" rowspan="2">人民币（大写） 叁佰伍拾壹万元整</td><td>亿</td><td>千</td><td>百</td><td>十</td><td>万</td><td>千</td><td>百</td><td>十</td><td>元</td><td>角</td><td>分</td><td></td></tr>
<tr><td></td><td>¥</td><td>3</td><td>5</td><td>1</td><td>0</td><td>0</td><td>0</td><td>0</td><td>0</td><td>0</td><td></td></tr>
<tr><td>款项内容</td><td colspan="3">货款</td><td>托收凭据名称</td><td colspan="5">托收承付凭证（电划）</td><td colspan="4">附寄单证张数</td><td colspan="8"></td></tr>
<tr><td colspan="3">商品发运情况</td><td colspan="4"></td><td colspan="5">合同名称号码</td><td colspan="10"></td></tr>
<tr><td colspan="4">备注：
复核 记账</td><td colspan="6">款项收妥日期
年 月 日</td><td colspan="12">收款人开户银行签章
2015年12月20日</td></tr>
</table>

此联作收款人开户银行给收款人的受理回单

11）31日，分配结转本月职工工资140 000元。其中，生产A产品工人工资60 000元，生产B产品工人工资40 000元，车间管理人员工资23 500元，行政管理部门工资16 500元。工资费用分配汇总表如表3.18所示。

表3.18

工资费用分配汇总表

2015年12月31日

<table>
<tr><th colspan="2">车间、部门</th><th>应分配金额/元</th></tr>
<tr><td rowspan="3">车间生产人员工资</td><td>生产A产品</td><td>60 000.00</td></tr>
<tr><td>生产B产品</td><td>40 000.00</td></tr>
<tr><td>生产人员工资小计</td><td>100 000.00</td></tr>
<tr><td colspan="2">车间管理人员</td><td>23 500.00</td></tr>
<tr><td colspan="2">行政管理人员</td><td>16 500.00</td></tr>
<tr><td colspan="2">合 计</td><td>140 000.00</td></tr>
</table>

13）公司根据历史经验数据和实际情况，合理预计本月份职工福利费，如表3.19所示。

表3.19 **职工福利费预计表**

2015年12月31日

车间、部门		应分配金额/元
车间生产人员工资	生产A产品	60 000.00
	生产B产品	40 000.00
	生产人员工资小计	100 000.00
车间管理人员		23 500.00
行政管理人员		16 500.00
合　计		140 000.00

13）31 日，计提本月固定资产折旧费。折旧费用分配表如表 3.20 所示。

表3.20 **折旧费用分配表**

2015年12月31日

车间、部门	折旧额/元
生产车间	3 500.00
厂部	2 600.00
合　计	6 100.00

14）31 日，分配制造费用。分配表如表 3.21 所示。

表3.21 **制造费用分配表**

2015年12月31日

产品名称	实用工时	分 配 率	分配金额/元
A产品	4 000		
B产品	6 000		
合　计	10 000		

15）31 日，本月投产的 A 产品 500 个、B 产品 400 个全部完工，结转其生产成本，有关单据如表 3.22 至表 3.24 所示。

表3.22 **产品成本计算单**

A产品　　2015年12月31日　　完工：500件　　元

项　目	直接材料	直接人工	制造费用	合　计
本月发生生产成本				
转完工产品成本				
完工产品单位成本				

表3.23

产品成本计算单

B产品　　　　2015年12月31日　　　　完工：400件　　　　元

项　目	直接材料	直接人工	制造费用	合　计
本月发生生产成本				
转完工产品成本				
完工产品单位成本				

表3.24

产成品入库单

2015年12月31日　　　　元

产品名称	计量单位	数　量	单位成本	金　额
A产品	件			
B产品	件			
合　计				

16）31 日，以现金 400 元支付职工李小梅困难补助。有关资料如表 3.25 所示。

表3.25

职工生活困难补助领款表

申请人姓名	李小梅		补助原因	儿子住院		
住　址	解放街一号		工会小组意见	同意补助400元	签名	刘红
供养直系亲属	称呼	简明情况	工会分会意见	同意补助400元	签名	李明
黄宫明	儿子	生病住院	厂工会审批	同意补助400元	签名	刘菊花
		现金付讫	审批日期	2015年12月31日	领款签名	

17）31 日，计算本月应交城建税 1 547 元，教育费附加 663 元。

实训材料如表 3.26 至表 3.45 所示。

表3.26

付款凭证

贷方科目：　　　　　　　　　　年　　月　　日　　　　　　　　　　字第　　号

摘要	借方科目		金额											记账
	总账科目	明细科目	亿	千	百	十	万	千	百	十	元	角	分	
附件　　张	合计													

04号长沙市文化用品公司印

会计主管　　　　记账　　　　出纳　　　　审核　　　　制证

表3.27

付款凭证

贷方科目：　　　　　　　　　　年　　月　　日　　　　　　　　　　字第　　号

摘要	借方科目		金额											记账
	总账科目	明细科目	亿	千	百	十	万	千	百	十	元	角	分	
附件　　张	合计													

04号长沙市文化用品公司印

会计主管　　　　记账　　　　出纳　　　　审核　　　　制证

表3.28

付款凭证

贷方科目：　　　　　　　　　　　　　　年　　月　　日　　　　　　　　　　　　　字第　　号

摘　要	借方科目		金　额											记账
	总账科目	明细科目	亿	千	百	十	万	千	百	十	元	角	分	
附件　　张	合　计													

04号长沙市文化用品公司印

会计主管　　　　　　记账　　　　　　出纳　　　　　　审核　　　　　　制证

表3.29

付款凭证

贷方科目：　　　　　　　　　　　　　　年　　月　　日　　　　　　　　　　　　　字第　　号

摘　要	借方科目		金　额											记账
	总账科目	明细科目	亿	千	百	十	万	千	百	十	元	角	分	
附件　　张	合　计													

04号长沙市文化用品公司印

会计主管　　　　　　记账　　　　　　出纳　　　　　　审核　　　　　　制证

表3.30

付款凭证

贷方科目：　　　　年　　月　　日　　　　字第　　号

摘　要	借方科目		金　额											记账
	总账科目	明细科目	亿	千	百	十	万	千	百	十	元	角	分	
附件　　张	合　计													

会计主管　　　　记账　　　　出纳　　　　审核　　　　制证

04号长沙市文化用品公司印

表3.31

付款凭证

贷方科目：　　　　年　　月　　日　　　　字第　　号

摘　要	借方科目		金　额											记账
	总账科目	明细科目	亿	千	百	十	万	千	百	十	元	角	分	
附件　　张	合　计													

会计主管　　　　记账　　　　出纳　　　　审核　　　　制证

04号长沙市文化用品公司印

表3.32

付款凭证

贷方科目： 年 月 日 字第 号

摘要	借方科目		金额											记账
	总账科目	明细科目	亿	千	百	十	万	千	百	十	元	角	分	
附件 张	合计													

04号长沙市文化用品公司印

会计主管 记账 出纳 审核 制证

表3.33

收款凭证

借方科目： 年 月 日 字第 号

摘要	贷方科目		金额											记账
	总账科目	明细科目	亿	千	百	十	万	千	百	十	元	角	分	
附件 张	合计													

04号长沙市文化用品公司印

会计主管 记账 出纳 审核 制证

表3.34

转账凭证

年　月　日　　　　　　字第　号

04号长沙市文化用品公司印

摘　要	会计科目		借方金额											贷方金额											记账
	总账科目	明细科目	亿	千	百	十	万	千	百	十	元	角	分	亿	千	百	十	万	千	百	十	元	角	分	
附件　张	合　计																								

会计主管　　　　记账　　　　出纳　　　　审核　　　　制证

表3.35

转账凭证

年　月　日　　　　　　字第　号

04号长沙市文化用品公司印

摘　要	会计科目		借方金额											贷方金额											记账
	总账科目	明细科目	亿	千	百	十	万	千	百	十	元	角	分	亿	千	百	十	万	千	百	十	元	角	分	
附件　张	合　计																								

会计主管　　　　记账　　　　出纳　　　　审核　　　　制证

表3.36

转账凭证

年　月　日　　　　字第　号

摘　要	会计科目		借方金额											贷方金额											记账
	总账科目	明细科目	亿	千	百	十	万	千	百	十	元	角	分	亿	千	百	十	万	千	百	十	元	角	分	
附件　张	合　计																								

会计主管　　　　记账　　　　出纳　　　　审核　　　　制证

04号长沙市文化用品公司印

表3.37

转账凭证

年　月　日　　　　字第　号

摘　要	会计科目		借方金额											贷方金额											记账
	总账科目	明细科目	亿	千	百	十	万	千	百	十	元	角	分	亿	千	百	十	万	千	百	十	元	角	分	
附件　张	合　计																								

会计主管　　　　记账　　　　出纳　　　　审核　　　　制证

04号长沙市文化用品公司印

表3.38

转账凭证

年 月 日　　　　字第 号

摘要	会计科目		借方金额											贷方金额											记账
	总账科目	明细科目	亿	千	百	十	万	千	百	十	元	角	分	亿	千	百	十	万	千	百	十	元	角	分	
附件 张	合计																								

会计主管　　记账　　出纳　　审核　　制证

04号长沙市文化用品公司印

表3.39

转账凭证

年 月 日　　　　字第 号

摘要	会计科目		借方金额											贷方金额											记账
	总账科目	明细科目	亿	千	百	十	万	千	百	十	元	角	分	亿	千	百	十	万	千	百	十	元	角	分	
附件 张	合计																								

会计主管　　记账　　出纳　　审核　　制证

04号长沙市文化用品公司印

表3.40

转账凭证

年　　月　　日　　　　　　　　　　　　字第　　号

摘　要	会计科目		借方金额											贷方金额											记账
	总账科目	明细科目	亿	千	百	十	万	千	百	十	元	角	分	亿	千	百	十	万	千	百	十	元	角	分	
附件　　张	合　计																								

04号长沙市文化用品公司印

会计主管　　　　　记账　　　　　出纳　　　　　审核　　　　　制证

表3.41

转账凭证

年　　月　　日　　　　　　　　　　　　字第　　号

摘　要	会计科目		借方金额											贷方金额											记账
	总账科目	明细科目	亿	千	百	十	万	千	百	十	元	角	分	亿	千	百	十	万	千	百	十	元	角	分	
附件　　张	合　计																								

04号长沙市文化用品公司印

会计主管　　　　　记账　　　　　出纳　　　　　审核　　　　　制证

表3.42

转账凭证

年　月　日　　　　字第　号

摘要	会计科目		借方金额											贷方金额											记账
	总账科目	明细科目	亿	千	百	十	万	千	百	十	元	角	分	亿	千	百	十	万	千	百	十	元	角	分	
附件　张	合计																								

会计主管　　记账　　出纳　　审核　　制证

表3.43

转账凭证

年　月　日　　　　字第　号

摘要	会计科目		借方金额											贷方金额											记账
	总账科目	明细科目	亿	千	百	十	万	千	百	十	元	角	分	亿	千	百	十	万	千	百	十	元	角	分	
附件　张	合计																								

会计主管　　记账　　出纳　　审核　　制证

表3.44

转账凭证

年　　月　　日　　　　　　　　　　　　　　　字第　　号

04号长沙市文化用品公司印

摘要	会计科目		借方金额											贷方金额											记账
	总账科目	明细科目	亿	千	百	十	万	千	百	十	元	角	分	亿	千	百	十	万	千	百	十	元	角	分	
附件　　张	合　计																								

会计主管　　　　　　记账　　　　　　出纳　　　　　　审核　　　　　　制证

表3.45

转账凭证

年　　月　　日　　　　　　　　　　　　　　　字第　　号

04号长沙市文化用品公司印

摘要	会计科目		借方金额											贷方金额											记账
	总账科目	明细科目	亿	千	百	十	万	千	百	十	元	角	分	亿	千	百	十	万	千	百	十	元	角	分	
附件　　张	合　计																								

会计主管　　　　　　记账　　　　　　出纳　　　　　　审核　　　　　　制证

资料 2：恒美股份有限公司 2015 年 12 月份发生的交易或事项如下，请据此填制通用记账凭证。

1）2 日，销售给黄河公司一批 A 产品，价款 200 000 元，款项未收到。有关单据如表 3.46 所示。

表3.46

湖南增值税专用发票

此联不作报销、扣税凭证　　　　开票日期：2015年12月02日

购买方	名　　称：黄河公司 纳税人识别号：370866786635598 地 址、电 话：长沙市永乐路16号　5230355 开户行及账号：工行长沙市永乐路支行　5600–9696				密码区	6+–〈2〉6〉869+296+/ * 加密版本：01 446〈600375〈35〉〈4/ * 37055931410 2–2〈2051+24+2618〈7　09050445 /3–15〉〉09/5/–1〉〉〉+2	
货物或应税劳务名称	规格型号	单　位	数　量	单　价	金　额	税　率	税　额
A产品		个	500	400	200 000.00	17%	34 000.00
合　计					¥200 000.00		¥34 000.00
价税合计（大写）	⊗贰拾叁万肆仟元整				（小写）¥234 000.00		
销售方	名　　称：恒美股份有限公司 纳税人识别号：630121638978552 地 址、电 话：长沙市解放路202号　0731–3678906 开户行及账号：工行长沙市解放路支行　3207105305–31				备注		

收款人：　　　复核：　　　开票人：王红　　　销售方：（章）

2）5 日，销售给西都公司一批 B 产品，价款 60 000 元，款项收存银行。有关单据如表 3.47 和表 3.48 所示。

表3.47

湖南增值税专用发票

此联不作报销、扣税凭证　　　　开票日期：2015年12月05日

购买方	名　　称：西都公司 纳税人识别号：340866786638955 地 址、电 话：德阳市西安路16号　6320356 开户行及账号：工行德阳市西安路支行　5671–9898				密码区	6+–〈2〉6〉869+296+/ * 加密版本：01 446〈600375〈35〉〈4/ * 37055931410 2–2〈2051+24+2618〈7　09050445 /3–15〉〉09/5/–1〉〉〉+2	
货物或应税劳务名称	规格型号	单　位	数　量	单　价	金　额	税　率	税　额
B产品		个	100	600	60 000.00	17%	10 200.00
合　计					¥60 000.00		¥10 200.00
价税合计（大写）	⊗柒万零贰佰元整				（小写）¥70 200.00		
销售方	名　　称：恒美股份有限公司 纳税人识别号：630121638978552 地 址、电 话：长沙市解放路202号　0731–3678906 开户行及账号：工行长沙市解放路支行　3207105305–31				备注		

收款人：　　　复核：　　　开票人：王红　　　销售方：（章）

表3.48

托收承付凭证（回单）

委托日期　2015年12月05日

业务类型	委托收款（□邮划、□电划）　托收承付（□邮划、□电划）						
付款人	全称	西都公司		收款人	全称	恒美股份有限公司	
	账号	5671-9898			账号	3207105305-31	
	地址	省德阳市/县	开户行：工行德阳市西安路支行		地址	湖南省长沙市/县	开户行：工行长沙市解放路支行
金额	人民币（大写）柒万零贰佰元整						
款项内容	货款	托收凭据名称	托收承付凭证（电划）	附寄单证张数			
商品发运情况		合同名称号码					
备注： 复核　　记账	款项收妥日期 年　月　日	收款人开户银行签章 2015年12月05日					

亿	千	百	十	万	千	百	十	元	角	分
			¥	7	0	2	0	0	0	0

此联作收款人开户银行给收款人的受理回单

3）3日，以现金100元支付办公室购买计算器的费用。有关单据如表3.49所示。

表3.49

中原文化用品商场零售发票

户名：通顺计算机公司　　2015年12月03日　　No 7809

品名	数量	单位	单价	金额 万	千	百	十	元	角	分	备注
101计算器	1	个	100.00			1	0	0	0	0	
合计					¥	1	0	0	0	0	
人民币（大写）壹百元整											

现金收讫　　中原文化用品商场 发票专用章

收款人：王丽红　　经手人：李水花

4）31 日,向福利院捐赠现金 2 000 元。有关单据如表 3.50 和表 3.51 所示。

表3.50

中国工商银行
现金支票存根
01621925

附加信息

出票日期2015年12月31日

收款人：福利院	
金　额：¥2000.00	
用　途：捐赠	

单位主管　　会计陈少学

表3.51

统一收款收据（三联单）

第二联：收据　　2015年12月31日　　No 8803590

交款单位或交款人	恒美股份有限公司	收款方式	现金支票
事　由　捐赠 人民币（大写）贰千元整　　¥2000.00			备注：

说明：不得作行事性收据使用

收款单位（盖章）：（章）　　收款人（签章）：

5）31 日,计算应付管理人员工资 2 000 元,计提管理部门折旧 3 000 元。

6）31 日,以银行存款支付广告费用 1 200 元。有关单据如表 3.52 和表 3.53 所示。

表3.52

中国工商银行
现金支票存根
01621991

附加信息

出票日期2015年12月31日

收款人：	电视台
金　额：	¥1200.00
用　途：	广告费

单位主管　　会计陈少学

表3.53

长沙市广告业专用发票

客户名称：恒美股份有限公司　　2015年12月31日

项　目	单　位	数　量	单　价	金　额	备　注
广告制作				1200.00	
合计金额（大写）：壹千贰佰元整 ¥1200.00					

单位（盖章）：　　开票人：张达

7）31日，计算本月应交城建税200元，教育费附加80元。

8）31日，结转本月的净利润90 000元。

9）31日，按25%的税率计算并结转本月所得税。

10）31日，本年利润11月份的贷方余额为30 000元，结转本年利润。

11）31日，“利润分配——未分配利润”账户的借方余额为20 000元，按本年税后利润的10%提取法定盈余公积，分配利润12 000元。

实训材料如表3.54至3.70所示。

表3.54

记账凭证

年 月 日 字第 号

摘 要	会计科目		借方金额											贷方金额											记账
	总账科目	明细科目	亿	千	百	十	万	千	百	十	元	角	分	亿	千	百	十	万	千	百	十	元	角	分	
附件 张	合 计																								

会计主管 记账 审核 制证

04号长沙市文化用品公司印

表3.55

记账凭证

年 月 日 字第 号

摘 要	会计科目		借方金额											贷方金额											记账
	总账科目	明细科目	亿	千	百	十	万	千	百	十	元	角	分	亿	千	百	十	万	千	百	十	元	角	分	
附件 张	合 计																								

会计主管 记账 审核 制证

04号长沙市文化用品公司印

表3.56

记账凭证

年　月　日　　　　字第　号

摘要	会计科目		借方金额											贷方金额											记账
	总账科目	明细科目	亿	千	百	十	万	千	百	十	元	角	分	亿	千	百	十	万	千	百	十	元	角	分	
附件　张	合计																								

会计主管　　记账　　审核　　制证

04号长沙市文化用品公司印

表3.57

记账凭证

年　月　日　　　　字第　号

摘要	会计科目		借方金额											贷方金额											记账
	总账科目	明细科目	亿	千	百	十	万	千	百	十	元	角	分	亿	千	百	十	万	千	百	十	元	角	分	
附件　张	合计																								

会计主管　　记账　　审核　　制证

04号长沙市文化用品公司印

表3.58

记账凭证

年　　月　　日　　　　　　　　　　　　　　　　字第　号

摘要	会计科目		借方金额											贷方金额											记账
	总账科目	明细科目	亿	千	百	十	万	千	百	十	元	角	分	亿	千	百	十	万	千	百	十	元	角	分	
附件　张	合计																								

会计主管　　　　　　记账　　　　　　审核　　　　　　制证

04号长沙市文化用品公司印

表3.59

记账凭证

年　　月　　日　　　　　　　　　　　　　　　　字第　号

摘要	会计科目		借方金额											贷方金额											记账
	总账科目	明细科目	亿	千	百	十	万	千	百	十	元	角	分	亿	千	百	十	万	千	百	十	元	角	分	
附件　张	合计																								

会计主管　　　　　　记账　　　　　　审核　　　　　　制证

04号长沙市文化用品公司印

表3.60

记账凭证

年 月 日 字第 号

04号长沙市文化用品公司印

摘要	会计科目		借方金额											贷方金额											记账
	总账科目	明细科目	亿	千	百	十	万	千	百	十	元	角	分	亿	千	百	十	万	千	百	十	元	角	分	
附件 张	合计																								

会计主管 记账 审核 制证

表3.61

记账凭证

年 月 日 字第 号

04号长沙市文化用品公司印

摘要	会计科目		借方金额											贷方金额											记账
	总账科目	明细科目	亿	千	百	十	万	千	百	十	元	角	分	亿	千	百	十	万	千	百	十	元	角	分	
附件 张	合计																								

会计主管 记账 审核 制证

表3.62

记账凭证

年　　月　　日　　　　　　　　字第　号

摘　要	会计科目		借方金额											贷方金额											记账
	总账科目	明细科目	亿	千	百	十	万	千	百	十	元	角	分	亿	千	百	十	万	千	百	十	元	角	分	
附件　张	合　计																								

会计主管　　　　　记账　　　　　审核　　　　　制证

04号长沙市文化用品公司印

表3.63

记账凭证

年　　月　　日　　　　　　　　字第　号

摘　要	会计科目		借方金额											贷方金额											记账
	总账科目	明细科目	亿	千	百	十	万	千	百	十	元	角	分	亿	千	百	十	万	千	百	十	元	角	分	
附件　张	合　计																								

会计主管　　　　　记账　　　　　审核　　　　　制证

04号长沙市文化用品公司印

表3.64

记账凭证

年 月 日 字第 号

摘要	会计科目		借方金额											贷方金额											记账
	总账科目	明细科目	亿	千	百	十	万	千	百	十	元	角	分	亿	千	百	十	万	千	百	十	元	角	分	
附件 张	合 计																								

04号长沙市文化用品公司印

会计主管 记账 审核 制证

表3.65

记账凭证

年 月 日 字第 号

摘要	会计科目		借方金额											贷方金额											记账
	总账科目	明细科目	亿	千	百	十	万	千	百	十	元	角	分	亿	千	百	十	万	千	百	十	元	角	分	
附件 张	合 计																								

04号长沙市文化用品公司印

会计主管 记账 审核 制证

表3.66

记账凭证

年 月 日　　　　　字第 号

摘要	会计科目		借方金额											贷方金额											记账
	总账科目	明细科目	亿	千	百	十	万	千	百	十	元	角	分	亿	千	百	十	万	千	百	十	元	角	分	
附件 张	合计																								

04号长沙市文化用品公司印

会计主管　　　记账　　　审核　　　制证

表3.67

记账凭证

年 月 日　　　　　字第 号

摘要	会计科目		借方金额											贷方金额											记账
	总账科目	明细科目	亿	千	百	十	万	千	百	十	元	角	分	亿	千	百	十	万	千	百	十	元	角	分	
附件 张	合计																								

04号长沙市文化用品公司印

会计主管　　　记账　　　审核　　　制证

表3.68

记账凭证

年　月　日　　　　字第　号

摘要	会计科目		借方金额											贷方金额											记账
	总账科目	明细科目	亿	千	百	十	万	千	百	十	元	角	分	亿	千	百	十	万	千	百	十	元	角	分	
附件　张	合计																								

04号长沙市文化用品公司印

会计主管　　　　记账　　　　审核　　　　制证

表3.69

记账凭证

年　月　日　　　　字第　号

摘要	会计科目		借方金额											贷方金额											记账
	总账科目	明细科目	亿	千	百	十	万	千	百	十	元	角	分	亿	千	百	十	万	千	百	十	元	角	分	
附件　张	合计																								

04号长沙市文化用品公司印

会计主管　　　　记账　　　　审核　　　　制证

表3.70

记账凭证

年 月 日　　　　字第 号

04号长沙市文化用品公司印

摘 要	会计科目		借方金额											贷方金额											记账
	总账科目	明细科目	亿	千	百	十	万	千	百	十	元	角	分	亿	千	百	十	万	千	百	十	元	角	分	
附件 张	合 计																								

会计主管　　　　记账　　　　审核　　　　制证

实训 7 记账凭证的审核

实训知识讲解

1. 签名盖章

记账凭证按照制单→审核→出纳(收付款业务)→记账→会计主管的顺序传递，每一个经手记账凭证的人员都应在记账凭证的相关栏目中签名或盖章，出纳员在办理完收款业务后应在“出纳”栏内加盖“收讫”“付讫”章。

2. 审核内容

① 记账凭证是否附有原始凭证，原始凭证是否齐全、内容是否合法，记账凭证所记录的经济业务与所附原始凭证所反映的经济业务是否相符、是否合法。

② 记账凭证应借、应贷的会计科目是否正确，账户的对应关系是否正确，所使用的会计科目及其核算内容是否符合会计制度的规定，金额计算是否准确。

③ 摘要是否填写清楚，项目是否填写齐全，如日期、凭证编号、二级和明细会计科目、附件张数及有关人员签章等。

实训目的和要求

使学生在掌握记账凭证的基本内容和填制方法的基础上，进一步掌握记账凭证审核内容和基本方法。

实训时间

完成本实训需约 6 学时。

实训资料

恒美股份有限公司 2015 年 12 月份发生下列交易或事项，请对其所填记的记账凭证进行判断并修改错误。(参考答案请扫描本书第 101 二维码获取。)

1）1 日，出纳员填写现金支票一张，从银行提取现金 3 000 元。支票存根如表 3.71 所示，相关记账凭证如表 3.72 所示。

表3.71

中国工商银行
现金支票存根
01621925

附加信息

出票日期2015年12月01日

收款人：	福利院
金　额：	¥3000.00
用　途：	捐赠

单位主管　　会计陈少学

表3.72

收款凭证

借方科目：库存现金　　2015年12月01日　　现收字第8号

摘要	贷方科目		金额											记账
	总账科目	明细科目	亿	千	百	十	万	千	百	十	元	角	分	
提取现金	银行存款							3	0	0	0	0	0	
附件 1 张	合计						¥	3	0	0	0	0	0	

会计主管　　记账　　出纳　　审核　　制证

04号长沙市文化用品公司印

2）3日，采购员张红填写借款单，并经有关人员签字同意后，预借差旅费3 600元，以现金支付。借款单如表3.73所示，相关记账凭证如表3.74所示。

表3.73

借款单

2015年12月03日

部门	供应部		借款事由		采购材料
借款金额	金额（大写）叁仟陆佰元整　¥3600.00				
批准金额	金额（大写）叁仟陆佰元整　¥3600.00				
领导	黄东俊	会计主管	黄孝勇	借款人	张红

表3.74

付款凭证

借方科目：库存现金　　　　2015年12月03日　　　　现收字第2号

摘要	贷方科目		金额											记账
	总账科目	明细科目	亿	千	百	十	万	千	百	十	元	角	分	
预借差旅费	其他应收款								3	6	0	0	0	
附件　张	合　计							¥	3	6	0	0	0	

会计主管　　记账　　出纳　　审核　　制证

04号长沙市文化用品公司印

3）6日，从环宇公司购进甲材料120 000千克，每千克0.5元，增值税进项税税额10 200元，开出转账支票付款，材料已验收入库。有关原始凭证如表3.75和表3.76所示，相关记账凭证如表3.77所示。

表3.76

中国工商银行
转账支票存根
01621922

附加信息

出票日期2015年12月06日

收款人：环宇木材公司
金　额：¥70200.00
用　途：购料

单位主管　　会计陈少学

表3.76

湖南增值税专用发票

发票联

开票日期：2015年12月03日

购买方	名　　称：恒美股份有限公司 纳税人识别号：630121638978552 地 址、电 话：长沙市解放路202号　0731-3678906 开户行及账号：工商银行解放路支行　3207105305-31			密码区	6+-〈2〉6〉927+296+/＊ 加密版本：01 446〈600375〈35〉〈4/＊ 37009931410 2-2〈2051+24+2618〈7　07050445 /3-17〉〉09/5/-1〉〉〉+2		
货物或应税劳务名称	规格型号	单　位	数　量	单　价	金　额	税　率	税　额
木材		千克	120 000	0.5	60 000.00	17%	10 200.00
合　计					¥60 000.00		¥10 200.00
价税合计（大写）	⊗柒万贰佰元整				（小写）¥70 200.00		
销售方	名　　称：环宇公司 纳税人识别号：370863786263889 地 址、电 话：辽阳市解放路108号　5660368 开户行及账号：农行辽阳市环翠区支行　56010112364			备注			

收款人：　　复核：　　开票人：林强　　销售方：（章）

第三联 发票联 购货方记账凭证

表3.77

付款凭证

贷方科目：库存现金　　2015年12月06日　　银付字第3号

摘　要	贷方科目		金　额											记账
	总账科目	明细科目	亿	千	百	十	万	千	百	十	元	角	分	
买材料	原材料						6	0	0	0	0	0	0	
	应交税费	增值税					1	0	2	0	0	0	0	
附件 2 张	合　计					¥	7	0	2	0	0	0	0	

04号长沙市文化用品公司印

会计主管　　记账　　出纳　　审核　　制证

4）11日，收到天和公司投入企业资金80 000元的转账支票，已填写进账单，连同支票一送存银行，并已收到进账单（收账通知）。有关原始凭证如表3.78、表3.79所示，相关记账凭证如表3.80所示。

表3.78　　中国工商银行　进 账 单（收账通知）　　3

2015年12月08日

出票人	全　称	天和公司		收款人	全　称	恒美股份有限公司										
	账　号	3688852			账　号	3207105305-31										
	开户银行	工行南大街支行			开户银行	工行解放路支行										
金额	人民币（大写）捌万元整				亿	千	百	十	万	千	百	十	元	角	分	
								¥	8	0	0	0	0	0	0	
票据种类	转账支票	票据张数	1													
票据号码																
备注： 复核　　记账				收款人开户银行签章												

此联是收款人开户银行交给收款人的收账通知

表3.79　　统一收款收据（三联单）

第三联：记账依据　　2015年12月08日　　NO 6703529

交款单位或交款人	天和公司	收款方式	转账支票
事　由　投资 人民币（大写）捌万元整　　¥80000.00			备注： 投资期10年

收费说明：不得作行事性收费收据使用

收款单位（盖章）：（章）　　收款人（签章）：唐明海

表3.80　　付 款 凭 证

贷方科目：银行存款　　2015年12月11日　　银付字第3号

摘　要	贷方科目		金　额											记账
	总账科目	明细科目	亿	千	百	十	万	千	百	十	元	角	分	
收到投资款	实收资本	天和公司					8	0	0	0	0	0	0	
		增值税												
附件　2　张	合　计						8	0	0	0	0	0	0	

会计主管　　记账　　出纳　　审核　　制证

04号长沙市文化用品公司印

5）15 日，从工商银行借入期限为 6 个月的借款 150 000 元。有关原始凭证如表 3.81 所示，相关记账凭证如表 3.83 所示。

表3.81

中国工商银行
转账支票存根
01621925

附加信息

出票日期2015 年12月 15日

收款人：	恒美股份有限公司
金　额：	¥150000.00
用　途：	偿还货款

单位主管　　会计陈少学

表3.82

收款凭证

借方科目：库存现金　　2015 年12月01日　　现收字第8号

摘　要	贷方科目		金　额											记账
	总账科目	明细科目	亿	千	百	十	万	千	百	十	元	角	分	
从银行借入短期借款	短期借款						1	3	0	0	0	0	0	
附件　1　张	合　计					¥	1	3	0	0	0	0	0	

04号长沙市文化用品公司印

会计主管　　记账　　出纳　　审核　　制证

6）18 日，签发转账支票偿还前欠兴达公司货款 10 000 元，并收到兴达公司开具的收款收据。支票存根和收款收据如表 3.83 和表 3.84 所示，相关记账凭证如表 3.85 所示。

表3.83

中国工商银行
转账支票存根
01621925

附加信息	
出票日期	2015年12月18日
收款人：	兴达公司
金　额：	¥10000.00
用　途：	偿还货款
单位主管	会计 陈少学

表3.84

统一收款收据（三联单）

第二联：收据　　2015年12月18日　　NO 8803529

交款单位或交款人	恒美股份有限公司	收款方式	转账支票
事　由 收回所欠货款			备注：
人民币（大写）壹万元整　　¥10000.00			

收费说明：不得作行政事业性收据使用

收款单位（盖章）：（章）　　收款人（签章）：

表3.85

付款凭证

贷方科目：银行存款　　2015年12月06日　　银付字第3号

摘　要	借方科目		金　额											记账
	总账科目	明细科目	亿	千	百	十	万	千	百	十	元	角	分	
归还借款	应付账款	兴达公司					1	0	0	0	0	0	0	
附件　张	合　计						1	0	0	0	0	0	0	

04号长沙市文化用品公司印

会计主管　　记账　　出纳　　审核　　制证

7）18日，仓库发出材料供有关部门使用。有关单据如表3.86至表3.89所示，相关记账凭证如表3.90所示。

表3.86

领 料 单

领料部门：生产车间　　2015年12月18日

材料		单位	数量		单位成本/元	金额/元	过账
名称	规格		请领	实发			
甲材料		千克	400	300	10	4000.00	
乙材料		千克	300	200	5	1500.00	
工作单号		用途	生产A产品				
工作项目							

会计：　　记账：　　发料：曾红梅　　领料：李明学

表3.87

领 料 单

领料部门：生产车间　　2015年12月18日

材料		单位	数量		单位成本/元	金额/元	过账
名称	规格		请领	实发			
甲材料		千克	300	300	10	3000.00	
乙材料		千克	200	200	5	1000.00	
工作单号		用途	生产B产品				
工作项目							

会计：　　记账：　　发料：曾红梅　　领料：李明学

表3.88

领 料 单

领料部门：生产车间　　2015年12月18日

材料		单位	数量		单位成本/元	金额/元	过账
名称	规格		请领	实发			
乙材料		千克	160	160	5	800.00	
工作单号		用途	车间一般耗用				
工作项目							

会计：　　记账：　　发料：曾红梅　　领料：李明学

表3.89

领 料 单

领料部门：供应部　　2015年12月18日

材料		单位	数量		单位成本/元	金额/元	过账
名称	规格		请领	实发			
甲材料		千克	50	50	10	500.00	
工作单号		用途	行政管理使用				
工作项目							

会计：　　记账：　　发料：曾红梅　　领料：黄东俊

表3.90

转账凭证

2015年12月18日 转字第2号

摘要	会计科目		借方金额											贷方金额											记账
	总账科目	明细科目	亿	千	百	十	万	千	百	十	元	角	分	亿	千	百	十	万	千	百	十	元	角	分	
领用材料	原材料																	1	0	5	0	0	0	0	
	生产成本							9	5	0	0	0	0												
	制造费用								8	0	0	0	0												
	管理费用								5	0	0	0	0												
附件 张	合计																								

会计主管 记账 出纳 审核 制证

04号长沙市文化用品公司印

业务1）答案

业务2）答案

业务3）答案

业务4）答案

业务5）答案

业务6）答案

业务7）答案

任务4 账簿登记

实训8 建　账

实训知识讲解

账簿的设置包括确定账簿的种类和数量,设计账簿的内容和格式。设置账簿既要有严密性和完整性,又要有适用性和可操作性,因此,设置账簿既要避免重复繁琐,又要防止过于简化。一般常用的账簿有现金日记账、银行存款日记账、总分类账、明细分类账及其他辅助性账簿。日记账按经济业务发生的时间先后顺序逐日、逐笔进行登记,并做到日清月结;总分类账与明细分类账应当进行平行登记。另外,在登记账簿时还应注意以下几点。

① 为了保证核算内容口径的一致,必须按规定的会计科目设置账户。

② 设置账簿时要通盘考虑,注意账簿之间的勾稽关系。

③ 登记正式账页时,在“摘要”栏写明“期初余额”字样,并依据各账户的期初余额建立账簿。

④ 记账必须用蓝、黑色墨水笔书写,不能用铅笔或圆珠笔书写。

⑤ 记账时,除了结账、改错、冲销账簿记录外,不能用红色墨水。

⑥ 要按规定的更正错账方法更正,严禁刮擦、挖补、涂改或用涂改液消除字迹。

⑦ 记账时应按账户页次顺序逐页进行登记,不得跳行、隔页。如果发生跳行、隔页,应在空行、空页处用红色墨水笔画注销,在“摘要”栏注明“此行空白”或“此页空白”字样,并由注销人签章。

⑧ 各账户在一张账页记满时,应在该账页的最末一行加计发生额合计,结出余额,并在该行“摘要”栏注明“过次页”字样,然后把该发生额合计数和余额填到下一页的第一行内,并在“摘要”栏注明“承前页”字样,以保证账簿记录的连续性。

⑨ 记账后,要在记账凭证上画“√”,表示已经登记入账,避免重记、漏记。

⑩ 期末,有余额的账户,应在“借”或“贷”栏内写明“借”或“贷”字样;没有余额的账户,应在“借”或“贷”栏内写“平”字,并在“余额”栏的元位上用“0”表示。

实训目的和要求

根据所给实训资料建立总分类账户、明细分类账户和日记账户。

实训时间

完成本实训约需 4 学时。

实训资料

恒美股份有限公司 2015 年 12 月初总分类账户和明细分类账户的期初余额如表 4.1 和表 4.2 所示。

表4.1　　2015年11月30日总账各账户余额　　元

总账账户	二级及明细账户	借方金额		贷方金额		账页格式
		总账金额	明细账金额	总账金额	明细账金额	
库存现金		37 000				三栏式
银行存款		5 900 000				三栏式
交易性金融资产		80 000				三栏式
应收票据		40 000				三栏式
应收账款		150 000				三栏式
原材料		300 000				三栏式
	甲材料		100 000			数量金额式
	乙材料		200 000			数量金额式
库存商品		200 000				
	A产品		60 000			三栏式
	B产品		140 000			
固定资产		400 000				三栏式
累计折旧				85 000		三栏式
在建工程		60 000				三栏式
长期股权投资		900 000				三栏式
无形资产	商标权	80 000				三栏式
长期待摊费用		15 000				三栏式
短期借款				800 000		三栏式
应付票据				30 000		三栏式
应付账款				60 000		三栏式
预收账款				520 000		三栏式
其他应付款				1 000		三栏式

（续表）

总账账户	二级及明细账户	借方金额		贷方金额		账页格式
		总账金额	明细账金额	总账金额	明细账金额	
应付职工薪酬				200		多栏式
应交税费				1 500		多栏式
应付股利				40 000		三栏式
其他应付款				1 400		三栏式
长期借款				4 200 000		三栏式
实收资本				692 200		三栏式
资本公积				80 000		三栏式
盈余公积				100 000		三栏式
本年利润				1 639 700		三栏式
利润分配	未分配利润	49 000				多栏式
生产成本		40 000				多栏式
制造费用		20 000		20 000		多栏式
管理费用		65 580		65 580		多栏式
销售费用		30 000		30 000		多栏式
财务费用		9 000		9 000		三栏式
合　计		8 375 580		8 375 580		三栏式

注：各损益类账户的借贷方余额为2015年1—11月份各月发生额合计数，利润分配为上年余额。

表4.2　　原材料明细账户2015年11月30日余额

项　目 名　称	数量/千克	单价/元	金额/元
甲材料	1 000	100	100 000
乙材料	4 000	50	200 000
合　计			300 000

实训材料如表 4.3 至表 4.10 所示。

表4.3

现金日记账

第____页

年		凭证编号	摘要	对方科目	票号	借方											贷方											借或贷	余额											√
月	日					亿	千	百	十	万	二	百	十	元	角	分	亿	千	百	十	万	千	百	十	元	角	分		亿	千	百	十	万	千	百	十	元	角	分	

（续表）

第____页

现金日记账

年		凭证编号	摘要	对方科目	票号	借方											贷方											借或贷	余额											√
月	日					亿	千	百	十	万	千	百	十	元	角	分	亿	千	百	十	万	千	百	十	元	角	分		亿	千	百	十	万	千	百	十	元	角	分	

表4.4

银行存款日记账

第____页　　　　户名____

年		凭证号数		摘要	支票		对方科目	存入（收款）											支取（付款）											结余										
月	日	收款	付款		种类	号数		亿	千	百	十	万	千	百	十	元	角	分	亿	千	百	十	万	千	百	十	元	角	分	亿	千	百	十	万	千	百	十	元	角	分

（续表）

第____页

银行信款日记账

户名________

年		凭证号数		摘要	支票		对方	存入（收款）											支取（付款）											结余										
月	日	收款	付款		种类	号数	科目	亿	千	百	十	万	千	百	十	元	角	分	亿	千	百	十	万	千	百	十	元	角	分	亿	千	百	十	万	千	百	十	元	角	分

表4.5

总分类账

第　页

会计科目：＿＿＿＿＿＿　　　　户名：＿＿＿＿＿＿

年		凭证号数	摘要	√	借方											贷方											借或贷	余额										
月	日				亿	千	百	十	万	千	百	十	元	角	分	亿	千	百	十	万	千	百	十	元	角	分		亿	千	百	十	万	千	百	十	元	角	分

（续表）

第　页

总分类账

会计科目：________　　　　户名：________

年		凭证号数	摘要	√	借方											贷方											借或贷	余额										
月	日				亿	千	百	十	万	千	百	十	元	角	分	亿	千	百	十	万	千	百	十	元	角	分		亿	千	百	十	万	千	百	十	元	角	分

（续表）

第　页

总分类账

会计科目：________　　　　户名：________

年		凭证号数	摘要	√	借方											贷方											借或贷	余额										
月	日				亿	千	百	十	万	千	百	十	元	角	分	亿	千	百	十	万	千	百	十	元	角	分		亿	千	百	十	万	千	百	十	元	角	分

（续表）

第　页

总分类账

会计科目：________　　　　户名：________

年		凭证号数	摘要	√	借方											贷方											借或贷	余额										
月	日				亿	千	百	十	万	千	百	十	元	角	分	亿	千	百	十	万	千	百	十	元	角	分		亿	千	百	十	万	千	百	十	元	角	分

（续表）
第　页

总分类账

会计科目：________　　　　户名：________

年		凭证号数	摘要	√	借方											贷方											借或贷	余额										
月	日				亿	千	百	十	万	千	百	十	元	角	分	亿	千	百	十	万	千	百	十	元	角	分		亿	千	百	十	万	千	百	十	元	角	分

总分类账

（续表）

第　页

会计科目：＿＿＿＿＿＿　　户名：＿＿＿＿＿＿

年		凭证号数	摘要	√	借方											贷方											借或贷	余额										
月	日				亿	千	百	十	万	千	百	十	元	角	分	亿	千	百	十	万	千	百	十	元	角	分		亿	千	百	十	万	千	百	十	元	角	分

（续表）

第　页

总分类账

会计科目：＿＿＿＿＿＿　　　　户名：＿＿＿＿＿＿

年		凭证号数	摘要	√	借方											贷方											借或贷	余额										
月	日				亿	千	百	十	万	千	百	十	元	角	分	亿	千	百	十	万	千	百	十	元	角	分		亿	千	百	十	万	千	百	十	元	角	分

（续表）

第　页

总分类账

会计科目：__________　　　　户名：__________

年		凭证号数	摘要	√	借方											贷方											借或贷	余额										
月	日				亿	千	百	十	万	千	百	十	元	角	分	亿	千	百	十	万	千	百	十	元	角	分		亿	千	百	十	万	千	百	十	元	角	分

（续表）
第　页

总分类账

会计科目：________　　　　户名：________

年		凭证号数	摘要	√	借方											贷方											借或贷	余额										
月	日				亿	千	百	十	万	千	百	十	元	角	分	亿	千	百	十	万	千	百	十	元	角	分		亿	千	百	十	万	千	百	十	元	角	分

总分类账

（续表）第　　页

会计科目：＿＿＿＿　　户名：＿＿＿＿

年		凭证号数	摘要	√	借方											贷方											借或贷	余额										
月	日				亿	千	百	十	万	千	百	十	元	角	分	亿	千	百	十	万	千	百	十	元	角	分		亿	千	百	十	万	千	百	十	元	角	分

（续表）

第　页

总分类账

会计科目：________　　　　户名：________

年		凭证号数	摘要	√	借方											贷方											借或贷	余额										
月	日				亿	千	百	十	万	千	百	十	元	角	分	亿	千	百	十	万	千	百	十	元	角	分		亿	千	百	十	万	千	百	十	元	角	分

（续表）
第　页

总分类账

会计科目：__________　　　　户名：__________

年		凭证号数	摘要	√	借方											贷方											借或贷	余额										
月	日				亿	千	百	十	万	千	百	十	元	角	分	亿	千	百	十	万	千	百	十	元	角	分		亿	千	百	十	万	千	百	十	元	角	分

表4.6

明细科目：________

户　　名：________

明 细 账

总第____页

分第____页

年		凭证		摘要	借方											贷方											借或贷	余额											核对号
月	日	字	号		亿	千	百	十	万	千	百	十	元	角	分	亿	千	百	十	万	千	百	十	元	角	分		亿	千	百	十	万	千	百	十	元	角	分	

表4.7

产成品明细账

产品编号：＿＿＿＿＿ 产品名称：＿＿＿＿＿ 规格：＿＿＿＿＿ 计量单位：＿＿＿＿＿

年		凭证		摘要	收入											发出											结存										
月	日	字	号		数量	单价	金额									数量	单价	金额									数量	单价	金额								
							百	十	万	千	百	十	元	角	分			百	十	万	千	百	十	元	角	分			百	十	万	千	百	十	元	角	分

（续表）

产成品明细账

产品编号：________　　产品名称：________　　规格：________　　计量单位：________

年		凭证		摘要	收入											发出											结存										
月	日	字	号		数量	单价	金额									数量	单价	金额									数量	单价	金额								
							百	十	万	千	百	十	元	角	分			百	十	万	千	百	十	元	角	分			百	十	万	千	百	十	元	角	分

表4.8

多栏式明细账

年		凭证		摘要																																																
月	日	字	号		十	万	千	百	十	元	角	分	十	万	千	百	十	元	角	分	十	万	千	百	十	元	角	分	十	万	千	百	十	元	角	分	十	万	千	百	十	元	角	分	十	万	千	百	十	元	角	分

（续表）

多栏式明细账

年		凭证		摘要																																																
月	日	字	号		十	万	千	百	十	元	角	分	十	万	千	百	十	元	角	分	十	万	千	百	十	元	角	分	十	万	千	百	十	元	角	分	十	万	千	百	十	元	角	分	十	万	千	百	十	元	角	分

表4.9

明细分类账

总第______页

分第______页

编号______

最高存量	
最低存量	

月	日	进价	调拨价	批发价	零售价

品名______ 规格______ 单位______ 产量______ 部类______

年		凭证		摘要	借方													贷方													余方												
月	日	字	号		数量	均价	金额											数量	均价	金额											数量	均价	金额										
							亿	千	百	十	万	千	百	十	元	角	分			亿	千	百	十	万	千	百	十	元	角	分			亿	千	百	十	万	千	百	十	元	角	分

（续表）

明细分类账

总第________页

分第________页

编号________

最高存量	
最低存量	

月	日	进价	调拨价	批发价	零售价

品名________ 规格________ 单位________ 产量________ 部类________

年		凭证		摘要	借方													贷方													余方												
月	日	字	号		数量	均价	金额											数量	均价	金额											数量	均价	金额										
							亿	千	百	十	万	千	百	十	元	角	分			亿	千	百	十	万	千	百	十	元	角	分			亿	千	百	十	万	千	百	十	元	角	分

表4.10

管理费用明细账

管理费用

年		凭证		摘要	借方											贷方											金额																																																																						
月	日	字	号		亿	千	百	十	万	千	百	十	元	角	分	亿	千	百	十	万	千	百	十	元	角	分	亿	千	百	十	万	千	百	十	元	角	分	十	万	千	百	十	元	角	分	十	万	千	百	十	元	角	分	十	万	千	百	十	元	角	分	十	万	千	百	十	元	角	分	十	万	千	百	十	元	角	分	十	万	千	百	十	元	角	分	十	万	千	百	十	元	角	分	十	万	千	百	十	元	角	分

实训9 记 账

实训知识讲解

记账时应注意以下几点。

① 必须根据审核无误的记账凭证登记账簿。

② 必须按记账凭证的号码顺序逐日、逐笔登记。

③ 注意涉及现金和银行存款相互划转业务的登记，即涉及从银行提取现金的业务，要根据银行存款、付款凭证登记现金日记账中现金的必入数；涉及将现金存入银行的业务，要根据现金付款凭证登记银行存款日记账中银行存款的收入数。

④ 注意各种账簿之间的勾稽关系。

具体要求如下。

（1）现金日记账的登记要求

现金日记账是由出纳人员根据审核无误的现金收款凭证和付款凭证及银行存款、付款凭证（记录从银行提取现金业务），逐日、逐笔、序时登记的账簿。任何一个单位，只要存在库存现金的收、付业务，就必须设置现金日记账。现金日记账按库存现金币种设置，采用订本式账簿，账页一般是三栏式，也可用多栏式。

在登记现金日记账时应注意以下几点。

① 必须根据审核无误的现金收、付款凭证登记。对于从银行提取现金的经济业务，根据银行付款凭证登记。

② 所记载的内容（如日期、编号、摘要、金额等）必须与会计凭证一致。

③ 登记日记账要做到日清月结，每天结出当日收入和付出发生额合计（当日只有一笔业务的可以不结），每天结出余额，并与库存现金核对且须相符。

（2）银行存款日记账的登记要求

银行存款日记账是由出纳人员根据审核无误的银行存款收款凭证和付款凭证及与现金有关的存款、付款凭证，逐日、逐笔、序时登记的账簿。凡是在银行开设账户、办理结算业务的单位，都应设置银行存款日记账。银行存款日记账按不同的开户银行和存款币种设置，采用订本式账簿，账页格式一般采用三栏式，也可用多栏式。

在登记银行存款日记账时应注意以下几点。

① 必须根据审核无误的银行存款收、付款凭证登记。对于将现金存入银行的业务，根据现金付款凭证登记。

② 所记载的经济业务内容必须同会计凭证一致。

③ 每月结出余额，定期与银行对账单核对。

（3）总分类账的登记要求

总分类账简称总账，根据单位设置的总账科目开设账簿，采用订本式账簿，账页格式一般采用三栏式，也可用多栏式。

登记总账，可以直接根据各种记账凭证逐笔登记，也可以把各种记账凭证先进行汇总，编制成汇总记账凭证或科目汇总表后再据以登记。

实训目的和要求

1. 根据有关收、付款凭证，逐日、逐笔登记现金日记账和银行存款日记账。
2. 根据各种记账凭证逐笔登记总分类账。
3. 根据各种原始凭证、记账凭证逐笔登记各种明细分类账。

实训时间

完成本实训约需 4 学时。

实训资料

本实训资料为实训 6 的业务，所用的账页格式见表 4.27 至表 4.46。

实训 10 错账更正

实训知识讲解

全面掌握划线更正法、红字更正法、补充登记法的内容及适用范围，熟练进行错账查找并更正。

（1）划线更正法

划线更正法是用红线把错误记录划掉，表示注销，然后把正确内容写在错账的上方，并加盖责任人印章的一种方法。

划线更正法适用于期末结账前发现账簿记录中文字或数字有错误而记账凭证无误的情况。更正方法是：先在错误的文字或数字上划一条单红线注销，并使原来的字迹仍可辨认；然后在划线上方空白处用蓝字或黑字填写上正确的文字或数字，并由记账人员在更正处签章。应注意的是，更正错误数字时，应将整笔数字划掉，不能只划掉其中一个或几个写错的数字。

（2）红字更正法

红字更正法是用红字金额冲销原有错误科目和金额的记账凭证，并据以更正账簿记录的一种方法，又称红字冲销法、红字订正法、红字冲账法等。

红字更正法适用于期末结账前发现由于记账凭证上的会计科目错误或金额多计而造成的账簿记录错误。更正方法是：先用红字金额填表制一张内容与原来错误记账凭证相同的记账凭证，在“摘要”栏注明“冲销 × 月 × 日 × 号凭证”字样，并据此用红字金额过账，以冲销原错误记录；然后用蓝字或黑字金额填制一张正确的记账凭证，在“摘要”栏注明“订正 × 月 × 日 × 号凭证”字样。

（3）补充登记法

补充登记法是按应计金额和错记金额之差用蓝字填写一张与原记账凭证内容相同的记账凭证，并据此更正账簿记录的一种方法。

补充登记法适用于期末结账前发现记账凭证中会计科目无误，但实计金额小于应计金额，并据此过账的情况。更正方法是：将少计金额用蓝字或黑字填制一张与原来错误记账凭证内容完全相同的记账凭证，在“摘要”栏内注明“补记第 × 号凭证少计数”字样，并据此过账。

实训目的和要求

1. 审核记账凭证，并进行账证核对，检查账簿记录是否正确。
2. 对经济业务的原始凭证与记账凭证、记账凭证与账簿记录进行核对，找出存在的问题，采用适当的方法进行更正。

实训时间

完成本实训约需4学时。

实训资料

2015年8月8日，恒美股份有限公司法人代表欧阳明报销部分出差费用，出纳人员以现金支付，计565元。

假设会计人员编制记账凭证及登记有关账簿时出现以下几种情况，应采用哪种方法进行更正（参考答案请扫描本书第159页二维码获取），并说明理由。

① 第 1 种情况，如表 4.11 至表 4.13 所示。

表4.11

付款凭证

贷方科目：库存现金　　　2015年08月08日　　　现付字第25号

摘要	借方科目		金额											记账
	总账科目	明细科目	亿	千	百	十	万	千	百	十	元	角	分	
付欧阳明差旅费	管理费用							5	6	5	0	0	0	
附件 2 张	合计						¥	5	6	5	0	0	0	

04号长沙市文化用品公司印

会计主管黄孝勇　　记账陈少学　　出纳严功智　　审核黄孝勇　　制证陈少学

表4.12

总分类账

第1页

会计科目：库存现金　　　户名：

年		凭证	摘要	√	借方												贷方												借或贷	余额											
月	日	号数			十	亿	千	百	十	万	千	百	十	元	角	分	十	亿	千	百	十	万	千	百	十	元	角	分		十	亿	千	百	十	万	千	百	十	元	角	分
8	1		期初余额							2	0	0	0	0	0	0													借						2	0	0	0	0	0	0
8	8	现付25号	付欧阳明差旅费																				5	6	5	0	0	0	借					¥	1	4	3	5	0	0	0

表4.13

总分类账

第2页

会计科目：管理费用　　　户名：

年		凭证	摘要	√	借方												贷方												借或贷	余额											
月	日	号数			十	亿	千	百	十	万	千	百	十	元	角	分	十	亿	千	百	十	万	千	百	十	元	角	分		十	亿	千	百	十	万	千	百	十	元	角	分
8	1		期初余额							3	5	0	0	0	0	0													借						3	5	0	0	0	0	0
8	8	现付25号	付欧阳明差旅费								5	6	5	0	0	0													借					¥	4	0	6	5	0	0	0

②第2种情况，如表4.14至表4.16所示。

表4.14

付款凭证

贷方科目：库存现金　　2015年08月08日　　现付字第25号

摘要	借方科目		金额											记账
	总账科目	明细科目	亿	千	百	十	万	千	百	十	元	角	分	
付欧阳明差旅费	管理费用								5	6	5	0	0	
附件 2 张	合计							¥	5	6	5	0	0	

04号长沙市文化用品公司印

会计主管黄孝勇　记账陈少学　出纳严功智　审核黄孝勇　制证陈少学

表4.15

总分类账

第1页

会计科目：库存现金　　户名：

年		凭证	摘要	√	借方												贷方												借或贷	余额											
月	日	号数			十	亿	千	百	十	万	千	百	十	元	角	分	十	亿	千	百	十	万	千	百	十	元	角	分		十	亿	千	百	十	万	千	百	十	元	角	分
8	1		期初余额							2	0	0	0	0	0	0													借						2	0	0	0	0	0	0
8	8	现付25号	付欧阳明差旅费																				5	6	5	0	0	0	借					¥	1	4	3	5	0	0	0

表4.16

总分类账

第2页

会计科目：管理费用　　户名：

年		凭证	摘要	√	借方												贷方												借或贷	余额											
月	日	号数			十	亿	千	百	十	万	千	百	十	元	角	分	十	亿	千	百	十	万	千	百	十	元	角	分		十	亿	千	百	十	万	千	百	十	元	角	分
8	1		期初余额							3	5	0	0	0	0	0													借						3	5	0	0	0	0	0
8	8	现付25号	付欧阳明差旅费								5	6	5	0	0	0													借					¥	3	0	6	5	0	0	0

③ 第 3 种情况，如表 4.17 至表 4.19 所示。

表4.17

付款凭证

贷方科目：库存现金　　2015年08月08日　　现付字第25号

摘要	借方科目		金额											记账
	总账科目	明细科目	亿	千	百	十	万	千	百	十	元	角	分	
付欧阳明差旅费	管理费用									5	6	5	0	
附件 2 张	合计								¥	5	6	5	0	

会计主管黄孝勇　记账陈少学　出纳严功智　审核黄孝勇　制证陈少学

表4.18

总分类账

第1页

会计科目：库存现金　　户名：

年		凭证	摘要	√	借方												贷方												借或贷	余额											
月	日	号数			十	亿	千	百	十	万	千	百	十	元	角	分	十	亿	千	百	十	万	千	百	十	元	角	分		十	亿	千	百	十	万	千	百	十	元	角	分
8	1		期初余额							2	0	0	0	0	0	0													借						2	0	0	0	0	0	0
8	8	现付25号	付欧阳明差旅费																						5	6	5	0	借					¥	1	9	9	4	3	5	0

表4.19

总分类账

第2页

会计科目：管理费用　　户名：

年		凭证	摘要	√	借方												贷方												借或贷	余额											
月	日	号数			十	亿	千	百	十	万	千	百	十	元	角	分	十	亿	千	百	十	万	千	百	十	元	角	分		十	亿	千	百	十	万	千	百	十	元	角	分
8	1		期初余额							3	5	0	0	0	0	0													借						3	5	0	0	0	0	0
8	8	现付25号	付欧阳明差旅费										5	6	5	0													借					¥	3	5	0	5	6	5	0

④ 第 4 种情况，如表 4.20 至表 4.22 所示。

表4.20

付款凭证

贷方科目：库存现金　　　　2015年08月08号　　　　现付字第25号

摘要	借方科目		金额											记账
	总账科目	明细科目	亿	千	百	十	万	千	百	十	元	角	分	
付欧阳明差旅费	管理费用								5	6	5	0	0	
附件 2 张	合计							¥	5	6	5	0	0	

会计主管黄孝勇　　记账陈少学　　出纳严功智　　审核黄孝勇　　制证陈少学

表4.21

总分类账

第1页

会计科目：库存现金　　　　户名：

年		凭证	摘要	√	借方												贷方												借或贷	余额											
月	日	号数			十	亿	千	百	十	万	千	百	十	元	角	分	十	亿	千	百	十	万	千	百	十	元	角	分		十	亿	千	百	十	万	千	百	十	元	角	分
8	1		期初余额							2	0	0	0	0	0	0													借						2	0	0	0	0	0	0
8	8	现付25号	付欧阳明差旅费																					5	6	5	0	0	借					¥	1	9	4	3	5	0	0

表4.22

总分类账

第2页

会计科目：财务费用　　　　户名：

年		凭证	摘要	√	借方												贷方												借或贷	余额											
月	日	号数			十	亿	千	百	十	万	千	百	十	元	角	分	十	亿	千	百	十	万	千	百	十	元	角	分		十	亿	千	百	十	万	千	百	十	元	角	分
8	1		期初余额							2	5	0	0	0	0	0													借						2	5	0	0	0	0	0
8	8	现付25号	付欧阳明差旅费									5	6	5	0	0													借					¥	2	5	5	6	5	0	0

第1种情况答案　　第2种情况答案　　第3种情况答案　　第4种情况答案

实训 11 对账与结账

实训知识讲解

1. 对账的内容

对账就是在结账前，将账簿记录和会计凭证核对，各种账簿之间的数字核对，账簿记录和实物及货币资金的实存数核对，纠正记账错误，以保证账簿记录正确无误，为编制财务报表提供真实、可靠、完整的会计核算资料。每个企业、事业行政单位，都要建立定期的对账制度。

对账的主要内容一般应包括以下几个方面。

（1）账证核对

账证核对就是将各种账簿记录与记账凭证及所附的原始凭证核对相符。这种核对是在编制记账凭证和记账的日常工作中进行的，目的是使错账被及时发现并更正。账证相符是保证账账、账实相符的基础。

（2）账账核对

账账核对就是将各种账簿之间的有关数字核对相符。这种核对至少在每月末进行一次。其核对内容如下。

① 现金日记账、银行存款日记账的本期发生额及期末金额与现金、银行存款总分类账的相应数字核对相符。

② 总分类账全部账户的本期借方发生额合计数与贷方发生额合计数、期末借方余额合计数与贷方余额合计数，应分别对应相等。这种核对可通过编制总分类账户试算平衡表进行。

③ 总分类账各账户的本期发生额合计数和期末余额与所属明细分类账户相应数字核对相符。这种核对可通过编制明细分类账户试算表进行。

④ 会计部门有关财产物资的明细分类账的期末余额应与财产物资保管或使用部门的明细分类账的期末结存数核对相符。

（3）账实核对

账实核对就是将账簿记录与各项财产物资和货币资金的实存数核对相符。账实是否相符一般要通过年终的财产清查来进行核对，平时也可以通过清查盘点来进行核对。清查核对的内容包括以下几点。

① 现金日记账的余额应与实际库存现金数核对相符。

② 银行存款日记账的收、付记录及余额应与银行的对账单记录及余额核对相符，如有未达账项，应编制银行存款余额调节表进行调整。

③ 各种应收、应付款明细账的余额应与有关债权、债务单位或个人核对相符。

④ 各种税金、预算交款账户的余额应与监管机构核对相符。

⑤ 财产物资明细分类账的结存数应与清查盘点的实存数核对相符。

2. 结账的方法

结账就是将当期(本月、本季、本年)的记账凭证登记完毕之后,按照制度规定和管理的需要,结计出各个账户的本期发生额(月度发生额、季度发生额、年度发生额)和期末余额。

由于账簿的种类和账页的格式不同,结账的具体方法也有所不同。为了便于理解和掌握,本书将其大致归纳为以下几种。

（1）日结

现金日记账和银行存款日记账需要逐日结出余额。结账时,在本日最后一笔经济业务下面结计出本日发生额,在“摘要”栏注明“本日合计”字样即可。

（2）月结

结账时,在本月最后一笔经济业务下面通栏画单红线,结出本月发生额合计和月末余额;在“摘要”栏注明“本月合计”字样,在“借”或“贷”栏内注明“借”或“贷”字样,在下面通栏画单红线。如果本月只发生一笔经济业务,由于这笔经济业务记录的金额就是本月发生额,结账时,只要在此记录下通栏画单红线,表示与下月的发生额分开即可,不须另行结出本月合计数。如果无余额,应在“借”或“货”栏内注明“平”字样,“余额”栏内注明“–0–”字样,其余同上所述。

对于期末没有余额的“损益类”等账户,在加计借、贷方发生额,显示双方金额相等后,在“摘要”栏注明“本月发生额合计”字样,在其下通栏画单红线,以表示该账户月底已结平,下月份在红线下连续登记。

对于不需要按月结计本期发生额的账户,如各项应收、应付款明细账和各项财产物资明细账等,每次记账以后,都要随时结出余额,每月最后一笔经济业务的余额即为月末余额。月末结账时,只要在最后一笔经济业务记录之下通栏画单红线即可。

需要结计本年累计发生额的账户,每月结账时,应在“本月合计”行下结出自年初起至本月末止的累计发生额,登记在“月份发生额合计”下面,在“摘要”栏内注明“本年累计”字样,并在下面通栏画单红线。

（3）季结

季末,将计算出的本季度3个月的发生额合计数写在月结数的下一行,在“摘要”栏注明“本季合计”字样,并在下面通栏画单红线。

（4）年结

年末,已结计本年累计发生额的账户,12月末的“本年累计”就是全年累计发生额,在下面通栏画双红线表示封账。平时只须结计本月合计的账户,年终结账时,要在12月末“本月合计”下结出全年发生额合计及年末余额,在“摘要”栏内注明“本年合计”字样,并在“合计数”下通栏画双红线表示封账。年结后,有余额的账户,要将其余额结转下年,并在“摘要”栏注明“结转下年”字样,在下一会计年度新建有关会计账簿的第一行中的“余额”栏内填写上年结转的余额,并在“摘要”栏注明“上年结转”字样。结转的方法是将余额直接记入新账“余额”栏内,不需要编制记账凭证,也不必将余额再记入本年账户的相反方向,把本年有余额的账户余额变为0。

实训目的和要求

1. 月末，结出各类账户本期发生额及期末余额，将总分类账簿、明细分类账簿、日记账簿中相关内容进行核对。

2. 按规定的结账方法结账。

实训时间

完成本实训约需2学时。

实训资料

本实训资料参见实训6、实训8、实训9。

实训12　账簿的更换

实训知识讲解

为了反映每个会计年度的财务状况和经营成果情况，以及保持会计资料的连续性，企业应按照会计制度的规定在适当的时间进行账簿更换。

所谓账簿的更换是指在会计年度终了时，将上年度的账簿更换为次年度的新账簿的工作。在每一会计年度结束、新一会计年度开始时，应按会计制度的规定，更换一次总账、日记账和大部分明细账。少部分明细账还可以继续使用，年初可以不必更换账簿，如固定资产明细账等。

更换新账的方法是：在年终结账时，将需要更换账簿的各账户的年末余额直接过入新启用的有关账户中去，不需要编制记账凭证，也不必将余额再记入本年账户的借方或贷方，使本年有余额的账户的余额变为0。年末有余额的账户，其余额应当如实地在账户中加以反映，否则容易混淆有余额的账户和没有余额的账户。

更换新账时，要注明各账户的年份，然后在第一行“日期”栏内写明“×月”“×日”，在“摘要”栏注明“上年结转”字样，把账户余额写入“余额”栏内，在此基础上登记新年度的会计事项。

实训目的和要求

1. 检查账簿记录是否正确。

2. 要求认真审核，熟练掌握账簿更换的方法。

实训时间

完成本实训需约 1 学时。

实训资料

将现金日记账和应付账款总账的本年发生额和年末余额过入新账簿。有关表格如表 4.23 至表 4.26 所示。

表4.23

现 金 日 记 账

2015年		记账凭证		摘要	对方科目	借方											贷方											借或贷	余额										
月	日	字	号			亿	千	百	十	万	千	百	十	元	角	分	亿	千	百	十	万	千	百	十	元	角	分		亿	千	百	十	万	千	百	十	元	角	分
12	1			期初余额																								借						7	7	8	9	0	0
12	1	现收	1	收到入股股金	实收资本				3	0	0	0	0	0	0	0																							
12	1	现付	1	股金存入银行	银行存款															3	0	0	0	0	0	0	0												
12	1	银付	1	提取现金，零星开支	银行存款						5	0	0	0	0	0												借				1	2	7	8	9	0	0
12	2	现付	2	张瑜出差借款	其他应收款																	3	0	0	0	0	0												
12	2	现付	3	购买办公用品	管理费用																		5	0	0	0	0	借						9	2	8	9	0	0
12	3	现收	2	违章操作罚款	营业外收入							8	0	0	0	0												借				1	0	0	8	9	0	0
12	5	现付	4	代垫运费	应收账款																	1	0	0	0	0	0	借						9	0	8	9	0	0
12	10	银付	8	提取现金，备零星开支	银行存款						3	0	0	0	0	0																							
12	10	银付	11	提取现金，备零星开支	银行存款						1	0	0	0	0	0												借				1	3	0	8	9	0	0
12	14	现收	3	报废打印机折旧	固定资产清理							1	2	5	0	0												借				1	3	2	1	4	0	0
12	15	现付	5	现金补足报销差旅费	销售费用																			5	0	0	0	借				1	3	1	6	4	0	0
12	16	现收	4	退回报销差旅费	其他应收款							1	4	0	0	0												借				1	3	3	0	4	0	0
12	19	现付	6	代垫运费	应收账款																		8	0	0	0	0												
12	19	现付	7	支付补助	应付职工薪酬																		9	0	0	0	0												
12	19	现收	5	销售A产品	主营业务收入					9	7	0	0	0	0	0																							
12	19	现收	5	销售A产品	应交税费					1	6	4	9	0	0	0																							
12	19	现付	8	货款存入银行	银行存款															1	1	3	4	9	0	0	0	借				1	1	6	0	4	0	0
12	23	现付	10	支付空调修理费	管理费用																		6	5	0	0	0	借				1	0	9	5	4	0	0
12	30	银付	21	提现金备发工资	银行存款					8	3	1	2	8	0	0																							
12	30	现付	11	发放工资	应付职工薪酬																8	3	1	2	8	0	0	借				1	0	9	5	4	0	0
				本月合计					5	0	6	6	8	3	0	0				5	0	3	5	1	8	0	0	借				1	0	9	5	4	0	0
				本年合计																								借				1	0	9	5	4	0	0

表4.24

现金日记账

2016年		记账凭证		摘要	对方科目	借方											贷方											借或贷	余额										
月	日	字	号			亿	千	百	十	万	千	百	十	元	角	分	亿	千	百	十	万	千	百	十	元	角	分		亿	千	百	十	万	千	百	十	元	角	分

表4.25

科目名称 应付账款

2015年		记账凭证		摘要	借方											贷方											借或贷	余额										
月	日	字	号		亿	千	百	十	万	千	百	十	元	角	分	亿	千	百	十	万	千	百	十	元	角	分		亿	千	百	十	万	千	百	十	元	角	分
12	1			期初余额																							贷					4	8	5	5	5	0	0
12	10	汇字	1	12月1日—10日发生额															1	2	4	7	2	2	0	0	贷				1	7	3	2	7	7	0	0
12	20	汇字	2	12月11日—20日发生额					7	1	3	7	0	0	0												贷				1	0	1	9	0	7	0	0
12	31	汇字	3	12月21日—31日发生额																1	1	2	3	2	0	0	贷				1	1	3	1	3	9	0	0
	31			本月合计					7	1	3	7	0	0	0				1	3	5	9	5	4	0	0	贷				1	1	3	1	3	9	0	0
	31			本年合计																							贷											

表4.26

科目名称 应付账款

2016年		记账凭证		摘要	借方											贷方											借或贷	余额										
月	日	字	号		亿	千	百	十	万	千	百	十	元	角	分	亿	千	百	十	万	千	百	十	元	角	分		亿	千	百	十	万	千	百	十	元	角	分

任务5
各类账表的编制

实训13　试算平衡表的编制

实训知识讲解

在借贷记账法下，每一项经济业务都是用借贷相等的金额来记录的，因此，根据会计分录记账后，全部账户的借方发生额和贷方发生额必然相等，而且全部账户的借方余额也必然与贷方余额相等，这就形成了账户之间的一系列平衡关系。这种根据各会计对象要素之间的平衡关系来检查各类账户的记录是否正确的过程称为试算平衡。

试算平衡一般是在会计期末，在全部经济业务都已登记入账的基础上，根据以下试算平衡公式编制试算平衡表来进行。

全部账户的借方期初余额合计数=全部账户的贷方期初余额合计数
全部账户的本期借方发生额合计数=全部账户的本期贷方发生额合计数
全部账户的借方期末余额合计数=全部账户的贷方期末余额合计数

以上3个方面的平衡关系可以用来检查账户记录的正确性，具体可以通过编制试算平衡表来反映。试算平衡表的格式有两种：一种是分别编制总分类账户本期发生额试算平衡表和总分类账户余额试算平衡表；另一种是将本期发生额和余额合并在一张表上进行试算平衡，即编制总分类账户本期发生额及余额试算平衡表。

实训目的和要求

1. 要求对发生的经济业务进行正确记录。
2. 熟练编制总分类账户本期发生额及余额试算平衡表。

实训时间

完成本实训约需 2 学时。

实训资料

恒美股份有限公司 2015 年 12 月 1 日有关账户的余额如表 5.1 所示。

表5.1　有关账户余额表　元

账户名称	借　方	贷　方
现金	1 330	
银行存款	75 000	
应收账款	13 990	
其他应收款	8 300	
原材料	15 320	
库存商品	12 450	
生产成本（A产品）	17 930	
生产成本（B产品）	11 900	
固定资产	152 000	
累计折旧		37 400
待处理财产损溢	500	
长期待摊费用	8 500	
短期借款		10 000
应付账款		8 620
预收账款		12 000
其他应付款		2 000
应交税费		4 520
应付职工薪酬		56 800
实收资本		152 300
资本公积		11 800
盈余公积		11 500
本年利润		15 280
利润分配	5 000	
合　计	322 220	322 220

12 月份，恒美股份有限公司发生如下经济业务。

1）1 日，收到东南公司上月货款 13 990 元，存入银行。

2）3 日，用银行存款支付上月税金 4 520 元。

3）5 日，从 S 公司赊购甲材料一批，货款共计 100 000 元，增值税税额 17 000 元，材料已验收入库。

4）7日，收到投资者投入新设备一台，价值35 000元。

5）9日，从银行提取现金53 000元，备发职工工资。

6）9日，以现金发放本月职工工资53 000元。

7）15日，G公司购买A产品500件，单价180元;B产品380件，单价100元，增值税税率17%。G公司上月预付货款5 000元，其余货税款暂欠。

8）16日，用银行存款支付上月购料款8 620元。

9）17日，职工王强因公外出预支差旅费500元，以现金付讫。

10）19日，公司办事员报销办公用品款180元，以现金付讫。

11）20日，从Y公司赊购乙材料一批，价款20 000元，进项税税额3 400元，材料已验收入库。

12）20日，上月发生的固定资产毁损净损失500元，经批准转销。

13）21日，将从银行借入半年期的借款20 000元存入银行存款户。

14）25日，接到银行通知，已收到15日销售给G公司的货税款。

15）26日，开出支票2张，分别支付5日和20日的购料款。

16）28日，销售A产品450件，售价81 000元，增值税税额13 770元;B产品300件，售价33 000元，增值税税额5 610元，全部款项已存入银行。

17）29日，职工报销培训费600元，以现金付讫。

18）29日，销售边角余料款1 200元，存入银行。

19）30日，本月应付职工工资总额52 000元。其中，制造A产品工人工资21 000元，制造B产品工人工资17 000元，车间生产管理人员工资5 600元，行政管理人员工资8 400元。

20）30日，预计福利费如下：制造A产品工人福利费2 940元，制造B产品工人福利费2 380元，车间生产管理人员福利费784元，行政管理人员福利费1 176元。

21）30日，职工报销市区交通费140元，以现金付讫。

22）30日，以银行存款偿还短期借款10 000元。

23）31日，以银行存款支付第4季度短期借款利息920元。

24）31日，银行通知本季度存款利息120元已转入企业的存款户。

25）31日，以银行存款支付本月水电费5 000元(其中，生产车间3 900元，办公部门1 100元)，增值税税额850元。

26）31日，本月仓库发出的各种材料根据领料单汇总，如表5.2所示。

表5.2

领 料 单

用 途	甲材料			乙材料		
	数量/千克	单价/元	金额/元	数量/千克	单价/元	金额/元
A产品耗用	2 000	60	120 000	90	30	2 700
B产品耗用	1 000	60	60 000	70	30	2 100
车间一般耗用				300	30	9 000
行政管理部门耗用				100	30	3 000
合 计	3 000		180 000	560		16 800

根据上述经济业务编制会计分录及试算平衡表。试算平衡表如表5.3所示。

表5.3

试算平衡表

2015年12月31日

账户名称	期初余额		本期发生额		期末余额	
	借　方	贷　方	借　方	贷　方	借　方	贷　方
现金						
银行存款						
应收账款						
其他应收款						
原材料						
库存商品						
生产成本						
制造费用						
固定资产						
累计折旧						
待处理财产损溢						
长期待摊费用						
短期借款						
应付账款						
预收账款						
其他应付款						
应交税费						
应付职工薪酬						
实收资本						
资本公积						
盈余公积						
本年利润						
利润分配						
主营业务收入						
其他业务收入						
管理费用						
财务费用						
营业外支出						
合　计						

实训 14　银行存款余额调节表的编制

实训知识讲解

编制银行存款余额调节表时，应首先检查本企业银行存款日记账的正确性与完整性，然后将银行对账单与企业银行存款日记账逐笔核对。如果二者余额不符，其原因大致有两个：一是记账错误，如漏记、重记、错记等情况；二是存在未达账项，即企业和银行之间，由于结算凭证在传递和办理转账手续时间上的不一致而造成的一方已登记入账而另一方未登记入账的款项。具体有以下 4 种情况。

① 企业已收银行未收，即企业送存银行的款项，企业已登记存款的增加，但银行尚未办好手续而未入账。

② 企业已付银行未付，即企业已开出支票或其他付款凭证，企业已登记存款的减少，但银行尚未支付或未办理转账手续而未入账。

③ 银行已收企业未收，即银行代企业收进的款项，银行已登记存款的增加，但企业尚未收到收款通知而未入账。

④ 银行已付企业未付，即银行代企业支付的款项，银行已登记存款的减少，但企业尚未收到付款通知而未入账。

对由于上述原因造成企业银行存款日记账与银行对账单的账面金额不符的情况，可通过编制银行存款余额调节表进行调节，调节后双方账面金额一般应相等。若不等，应进一步查明原因，直到相等为止。

实训目的与要求

1. 将银行存款日记账与银行对账单按结算凭证种类和号数一一核对，找出未达账项及记账差错。

2. 确定该企业的银行存款实有余额。

实训时间

完成本实训约需 2 学时。

实训资料

恒美股份有限公司 2015 年 10 月 21 日—31 日银行对账单和银行存款日记账如表 5.4 和表 5.5 所示。

表5.4 **银行对账单** 元

2015年		结算凭证		摘 要	借 方	贷 方	余 额
月	日	种类	号数				
10	21			承前页			350 000
	22	转支	#6501	付货款	43 000		
	22	现支	#9872	提现金	3 500		
	24	转支	#6502	付货款	56 700		
	25	特转	#1566	存款利息		6 800	
	25	现支	#9876	提取差旅费	3 900		
	27	本票	#9561	存入货款		96 800	
	27	转支	#6303	付办公用品	2 500		
	27	委托	#4507	付电话费	3 800		
	30	转支	#6304	付养路费	4 600		
	30	现收	#9875	存入现金		7 000	
	30	委收	#1008	代收运费		6 000	
	31			月末余额			348 600

表5.5 **银行存款日记账** 元

2015年		凭证号	摘 要	结算凭证		借 方	贷 方	余 额
月	日			种类	号数			
10	21		承前页					350 000
	21	银付8	购入半成品	转支	#6501		43 000	
	22	银付10	提取现金	现支	#9872		3 500	
	23	银付12	购入材料	转支	#6502		56 700	
	25	银付15	提取差旅费	现支	#9876		3 900	
	26	银付16	买办公用品	转支	#6303		2 500	
	27	银付7	收入货款	本票	#9561	96 800		
	28	银收17	购入设备	汇票	#3721		10 000	
	30	银付20	存入现金	回单	#9875	7 000		
	30	银付22	付电话费	委托	#4507		3 800	
	30	银付24	购入材料	转支	#6309		3 000	
	31		本月合计					327 200

实训材料如表5.6所示。

表5.6

银行存款余额调节表

元

项　目	金　额	项　目	金　额
企业银行存款日记账余额		银行对账单余额	
调节后的存款余额		调节后的存款余额	

答案提示：调节后的余额为335 600元。

实训15　总分类账与明细分类账发生额及余额对照表的编制

实训知识讲解

1. 总分类账与明细分类账的基本概念

总分类账是指根据总分类科目设置的，用于对会计要素具体内容进行总括分类核算的账户，也称一级账户，简称总账。总分类账一般仅以货币计量单位进行登记。

明细分类账是根据明细分类科目设置的，用于对会计要素的具体内容进行明细分类核算的账户，简称明细账。明细分类账用于提供详细的核算资料，有的明细分类账只以货币计量单位进行登记；有的明细分类账既以货币计量单位进行登记，也以实物单位进行登记。

需要指出的是，采用什么样的计量单位登记明细分类账，取决于账户所反映的经济业务内容，以及会计信息使用者的要求。一般来说，反映债权、债务增减变动业务内容的明细分类账户只以货币计量单位进行登记；反映财产物资增减变动业务内容的明细分类账户既以货币计量单位进行登记，也以实物计量单位进行登记。

2. 总分类账与明细分类账的关系

（1）总分类账与明细分类账的内在联系

总分类账与明细分类账的内在联系主要表现在以下3个方面。

① 两者所反映的经济业务内容是相同的。例如，“原材料”总分类账与其所属的“辅助材料”等明细分类账都是用以反映材料收发及结存业务的，两者提供相互补充的资料。

② 两者登记账户的依据相同。对发生的经济业务，都要以相关的会计凭证为依据，既登记有关总分类账，又登记其所属明细分类账。

③ 两者相互配合。某一总分类账户与其所属的明细分类账的核算对象是相同的，它们提供的核算资料相互补充，只有把二者结合起来使用，才能既总括又详细地反映同一核算内容。

（2）总分类账与明细分类账的区别

总分类账和明细分类账的区别表现在以下两个方面。

① 两者反映经济业务内容的详细程度不一样。总分类账反映会计要素各项目增减变化的总括情况，提供总括资料；明细分类账反映会计要素各项目增减变化的详细情况，提供某一方面的详细资料，有些明细分类账还可以提供实物数量指标和劳动量指标。

② 两者的作用不同。总分类账提供的总括核算资料是对有关明细分类账资料的综合；明细分类账提供的明细核算资料是对其总分类账资料的具体化。因此，总分类账对其所属的明细分类账起着统御控制的作用，而明细分类账对其总分类账起着辅助和补充的作用。

（3）总分类账与明细分类账的平行登记

为了使总分类账与其所属的明细分类账之间能起到统御与补充的作用，便于账户核对，并确保核算资料正确、完整，必须采用平行登记的方法，在总分类账及其所属的明细分类账中进行记录。

所谓平行登记，是指对所发生的每项经济业务，都要以会计凭证为依据，一方面记入有关总分类账，另一方面记入有关总分类账所属的明细分类账的方法。其要点主要有以下4个方面。

① 期间相同。每项经济业务在记入总分类账及其所属的明细分类账的过程中，可以有先有后，但必须在同一会计期间(一般是1个月内)全部登记入账。

② 方向相同。将经济业务记入总分类账及其所属的明细分类账时，记账方向必须相同。如果在总分类账中登记借方，在所属明细分类账中也应登记借方；如果在总分类账中登记贷方，在所属明细分类账中也应登记贷方。

③ 金额相等。记入总分类账借方（或贷方）的金额，应与登记在该总分类账所属的一个或几个明细分类账的借方（或贷方）的金额或金额的合计数相等。

④ 内容相同。凡是在总分类账下设明细分类账的，当经济业务发生时，一方面登记有关的总分类账，另一方面要根据相同的依据登记这些总分类账所属的明细分类账。

3. 总分类账与明细分类账发生额及余额对照表的编制

总分类账与明细分类账发生额及余额对照表实质上是试算平衡表的一种，是根据总分类账与明细分类账平行登记的原理及借贷记账法的记账规则编制的，用来验算总分类账与所属明细分类账是否账账相符。

总分类账与明细分类账发生额及余额对照表也包括发生额试算平衡和余额试算平衡。

（1）发生额试算平衡公式

总账本期借方发生额＝所属明细账本期借方发生额之和
总账本期贷方发生额＝所属明细账本期贷方发生额之和

（2）余额试算平衡公式

总账期初余额＝所属明细账期初余额之和
总账期末余额＝所属明细账期末余额之和

总分类账与明细分类账发生额及余额对照表应当按照已设置明细分类账的总分类账户一一编制，以总分类账户及其明细分类账户的金额为数据来源。在编制之前，首先要检查是否所有的记账凭证都已经过入总账和明细账；然后要结算出各个总账和明细账的借方发生额、贷方发生额及期末余额；最后将数据填入相应的试算表中，计算出借方和贷方的金额合计及余额合计，检查总账和明细账对应数据是否相等。

实训目的和要求

掌握总分类账与明细分类账发生额及余额对照表的基本内容和编制方法。

实训时间

完成本实训需约2学时。

实训资料

恒美股份有限公司2015年10月份原材料总分类账与明细分类账如表5.7至表5.9所示，应付账款总分类账与明细分类账如表5.10至表5.12所示，据此分别编制其总分类账与明细分类账发生额及余额对照表，如5.13和表5.14所示。

表5.7　　原材料总分类账　　元

2015年		凭证号数	摘　要	√	借　方	贷　方	借或贷	余　额
月	日							
10	1		期初余额				借	27 000
	2	转2	领料			19 000	借	8 000
	9	转4	材料入库		7 500		借	15 500
	16	转7	材料入库		1 500		借	17 000
	20	转9	领料			7 750	借	9 250
	31	转12	领料			750	借	8 500
	31	转22	销料、转出成本			3 000	借	5 500
	31		本月合计		9 000	30 500	借	5 500

表5.8

原材料明细账

计量单位：千克　　存放地点：1号库　　类别：主要材料　　货名：甲材料　　元

2015年		凭证号数	摘要	收入			发出			结存		
月	日			数量	单价	金额	数量	单价	金额	数量	单价	金额
10	1		期初余额							500	30	15 000
	2	转2	领料				400	30	12 000			
	9	转4	材料入库	250	30	7 500						
	20	转9	领料				200	30	6 000			
	31	转22	销料转出				100	30	3 000			
	31		本月合计	250	30	7 500	700	30	21 000	50	30	1 500

表5.9

原材料明细账

计量单位：千克　　存放地点：2号库　　类别：主要材料　　货名：乙材料　　元

2015		凭证号数	摘要	收入			发出			结存		
月	日			数量	单价	金额	数量	单价	金额	数量	单价	金额
10	1		期初余额							1 200	10	12 000
	2	转2	领料				700	10	7 000			
	16	转7	材料入库	150	10	1 500						
	20	转9	领料				175	10	1 750			
	31	转12	领料				75	10	750			
	31		本月合计	150	10	1 500	950	10	9 500	400	10	4 000

表5.10

应付账款总分类账

元

2015年		凭证号数	摘要	√	借方	贷方	借或贷	余额
月	日							
10	1		期初余额				贷	30 000
	9	转3	欠甲企业款			7 500	贷	37 500
	13	银付5	还前欠甲企业款		10 000		贷	27 500
	21	银付13	还前欠乙企业款		17 500		贷	10 000
	30	转19	欠甲企业款			15 000	贷	25 000
	31		本月合计		27 500	22 500	贷	25 000

表5.11

应付账款明细账

科目：甲工厂

元

2015年		凭证号数	摘　要	√	借　方	贷　方	借或贷	余　额
月	日							
10	1		期初余额				贷	12 500
	9	转3	欠甲企业款			7 500	贷	
	13	银付5	还前欠甲企业款		10 000		贷	
	30	转19	欠甲企业款			15 000	贷	
	31		本月合计		10 000	22 500	贷	25 000

表5.12

应付账款明细账

科目：乙工厂

元

2015年		凭证号数	摘　要	√	借　方	贷　方	借或贷	余　额
月	日							
10	1		期初余额				贷	17 500
	21	银付13	还前欠乙企业款		17 500		平	0
	31		本月合计		17 500		平	0

表5.13

原材料总分类账户及明细分类账户核对表

元

明细账户名称	计量单位	单价	期初结存		本期发生				期末结存	
					收入（借方）		发出（贷方）			
			数量	金额	数量	金额	数量	金额	数量	金额
合　计										

表5.14

应付账款总分类账户及明细分类账户核对表

元

明细账户名称	计量单位	单价	期初结存		本期发生				期末结存	
					收入（借方）		发出（贷方）			
			数量	金额	数量	金额	数量	金额	数量	金额
合　计										

任务6 会计报表

实训16 资产负债表和利润表的编制

实训知识讲解

1. 资产负债表

（1）资产负债表的内容

资产负债表的编制是依据会计恒等式“资产＝负债＋所有者权益”所设计的，主要包括以下3个方面的内容。

① 资产。资产一般按照流动资产、非流动资产分类并进一步分项列示。各项目按流动性的大小顺序进行排列，即流动性大的排列在前，流动性小的排列在后。

② 负债。负债应当按照流动负债和非流动负债在资产负债表中列示。各项目按偿还期的长短进行排列，即偿还期短的排列在前，偿还期长的排列在后。

③ 所有者权益。所有者权益类一般按照净资产的不同来源和特定用途分类列示，包括实收资本（或股本）、资本公积、盈余公积和未分配利润四大项。各项目按金额的稳定性进行排列，即金额稳定程度高的排列在前，金额稳定程度低的排列在后。

（2）资产负债表的格式

资产负债表一般由表头、表身和表尾3个部分组成。表头主要包括资产负债表的名称、编制单位、编制日期和金额单位，表身主要包括资产、负债、所有者权益各项目的金额，表尾主要包括附注资料等。

我国各单位资产负债表采用账户式反映。账户式资产负债表分为左右两方，左方列示编报日各项资产的金额，表明企业拥有或控制的经济资源数量和分布状况；右方列示编报日各项负债和所有者权益的金额，表明企业资金来源的途径和数量。

（3）资产负债表各项目的列报说明

1）资产项目的列报说明。

① “货币资金”项目，反映企业库存现金、银行结算户存款、外埠存款、银行汇票存款、银行本票存款、信用卡存款、信用证保证金存款等的合计数。本项目应根据“库存现金”“银行存款”“其他货币资金”等科目的期末余额的合计数填列。

② “交易性金融资产”项目，交易性金融资产是指企业为了近期出售而持有的金融资产，如

企业以赚取差价为目的从二级市场购入的各种股票、债券、基金等。本项目应根据“交易性金融资产”科目的期末余额填列。

③“应收票据”项目，反映企业因销售商品、提供劳务等而收到的商业汇票的净额，包括银行承兑汇票和商业承兑汇票。本项目应根据“应收票据”科目的期末余额减去“坏账准备”科目中有关应收票据计提的坏账准备的期末余额后的金额填列。

④“应收账款”项目，反映企业因销售商品、提供劳务等经营活动应收取款项的净额。本项目应根据“应收账款”和“预收账款”科目所属各明细科目的期末借方余额合计减去“坏账准备”科目中有关应收账款计提的坏账准备的期末余额后的金额填列。例如，“应收账款”科目所属的明细科目期末有贷方余额的，应在资产负债表的“预收款项”项目内填列。

⑤“预付款项”项目，反映企业按照购货合同规定预付给供应单位的款项等。本项目应根据“预付账款”和“应付账款”科目所属各明细科目的期末借方余额合计数减去“坏账准备”科目中有关预付款项计提的坏账准备期末余额后的金额填列。例如，“预付账款”科目所属的各明细科目期末有贷方余额的，应在资产负债表的“应付账款”项目内填列。

⑥“应收利息”项目，反映企业应收取的债券投资等的利息。本项目应根据“应收利息”科目的期末余额减去“坏账准备”科目中有关应收利息计提的坏账准备的期末余额后的金额填列。

⑦“应收股利”项目，反映企业应收取的现金股利和应收取的其他单位分配的利润。本项目应根据“应收股利”科目的期末余额减去“坏账准备”科目中有关应收股利计提的坏账准备的期末余额后的金额填列。

⑧“其他应收款”项目，反映企业除应收票据、应收账款、预付账款、应收股利、应收利息等经营活动以外的其他各种应收、暂付的款项。本项目应根据“其他应收款”科目的期末余额减去“坏账准备”科目中有关其他应收款计提的坏账准备的期末余额后的金额填列。

⑨“存货”项目，反映企业期末在库、在途和在加工中的各种存货的可变现净值。本项目应根据“材料采购”“原材料”“低值易耗品”“库存商品”“周转材料”“委托加工物资”“委托代销商品”“生产成本”等科目的期末余额合计减去“受托代销商品款”“存货跌价准备”等科目的期末余额后的金额填列。材料采用计划成本核算及库存商品采用计划成本核算或售价核算的企业，还应按加或减材料成本差异、商品进销差价后的金额填列。

⑩“一年内到期的非流动资产”项目，反映企业将于 1 年内到期的非流动资产项目金额。本项目应根据有关科目的期末余额填列。

⑪“其他流动资产”项目，反映企业除货币资金、交易性金融资产、应收票据、应收账款、存货等以外的其他流动资产。本项目应根据有关科目的期末余额填列。

⑫“可供出售金融资产”项目，反映企业持有的以公允价值计量的可供出售的股票投资、债券投资等金融资产。本项目应根据“可供出售金融资产”科目的期末余额减去“可供出售金融资产减值准备”科目的期末余额后的金额填列。

⑬“持有至到期投资”项目，反映企业持有的以摊余成本计量的持有至到期投资。本项目应根据“持有至到期投资”科目的期末余额减去“持有至到期投资减值准备”科目的期末余额后的金额填列。

⑭“长期应收款”项目，反映企业因融资租赁产生的应收款项，以及因采用递延方式具有融资性质的销售商品和提供劳务等产生的长期应收款项等。本项目应根据“长期应收款”科目的期末余额减去相应的“未实现融资收益”科目和“坏账准备”科目所属相关明细科目的期末余额后的金额填列。

⑮“长期股权投资”项目，反映企业持有的对子公司、联营企业和合营企业的长期股权投资。本项目应根据“长期股权投资”科目的期末余额减去“长期股权投资减值准备”科目的期末余额

后的金额填列。

⑯“投资性房地产”项目，反映企业持有的投资性房地产。企业采用成本模式计量投资性房地产的，本项目应根据“投资性房地产”科目的期末余额减去“投资性房地产累计折旧（摊销）”和“投资性房地产减值准备”科目的期末余额后的金额填列；企业采用公允价值模式计量投资性房地产的，本项目应根据“投资性房地产”科目的期末余额填列。

⑰“固定资产”项目，反映企业各种固定资产原价减去累计折旧和累计减值准备后的净额。本项目应根据“固定资产”科目的期末余额减去“累计折旧”和“固定资产减值准备”科目的期末余额后的金额填列。

⑱“在建工程”项目，反映企业期末各项未完工程的实际支出，包括交付安装的设备价值，未完建筑安装工程已经耗用的材料、工资和费用支出，预付出包工程的价款等可收回金额。本项目应根据“在建工程”科目的期末余额减去“在建工程减值准备”科目的期末余额后的金额填列。

⑲“工程物资”项目，反映企业尚未使用的各项工程物资的实际成本。本项目应根据“工程物资”科目的期末余额填列。

⑳“固定资产清理”项目，反映企业因出售、毁损、报废等原因而转入清理，但尚未清理完毕的固定资产的净值，以及在固定资产清理过程中所发生的清理费用和变价收入等各项金额的差额。本项目应根据“固定资产清理”科目的期末借方余额填列。如果“固定资产清理”科目期末为贷方余额，以“-”填列。

㉑“生产性生物资产”项目，反映企业持有的生产性生物资产原价减去累计折旧和累计减值准备后的净额。本项目应根据“生产性生物资产”科目的期末余额减去“生产性生物资产累计折旧”和“生产性生物资产减值准备”科目的期末余额后的金额填列。

㉒“油气资产”项目，反映企业持有的矿区权益和油气井及相关设施的原价减去累计折耗和累计减值准备后的净额。本项目应根据“油气资产”科目的期末余额减去“累计折耗”科目的期末余额和相应减值准备后的金额填列。

㉓“无形资产”项目，反映企业持有的无形资产，包括专利权、非专利技术、商标权、著作权、土地使用权等。本项目应根据“无形资产”的期末余额减去“累计摊销”和“无形资产减值准备”科目的期末余额后的金额填列。

㉔“开发支出”项目，反映企业在开发无形资产的过程中能够使其资本化形成无形资产成本的支出部分。本项目应根据“研发支出”科目中所属的“资本化支出”明细科目的期末余额填列。

㉕“商誉”项目，“商誉”反映能在未来期间为企业经营带来超额利润的潜在经济价值，或一家企业预期的获利能力超过可辨认资产正常获利能力（如社会平均投资回报率）的资本化价值。商誉是企业整体价值的组成部分。在企业合并时，它是购买企业投资成本超过被合并企业净资产公允价值的差额。

㉖“长期待摊费用”项目，反映企业已经发生但应由本期和以后各期负担的分摊期限在1年以上的各项费用。长期待摊费用在1年内（含1年）摊销的部分，在资产负债表“一年内到期的非流动资产”项目填列。本项目应根据“长期待摊费用”科目的期末余额减去将于1年内（含1年）摊销的数额后的金额填列。

㉗“递延所得税资产”项目，反映企业确认的因可抵扣暂时性差异产生的递延所得税资产。本项目应根据“递延所得税资产”科目的期末余额填列。

㉘“其他非流动资产”项目，反映企业除长期股权投资、固定资产、在建工程、工程物资、无形资产等以外的其他非流动资产。本项目应根据有关科目的期末余额填列。

2）负债项目的列报说明。

①“短期借款”项目，反映企业从银行或其他金融机构等借入的期限在1年以下（含1年）的

各种借款。本项目应根据“短期借款”科目的期末余额填列。

②“交易性金融负债”项目，交易性金融负债，指企业采用短期获利模式进行融资所形成的负债，比如应付短期债券。作为交易双方来说，甲方的金融债权就是乙方的金融负债，由于融资方需要支付利息，因比，就形成了金融负债。交易性金融负债是企业承担的交易性金融负债的公允价值。本项目应当根据“交易性金融负债”科目的期末余额填列。

③“应付票据”项目，反映企业因购买材料、商品和接受劳务供应等而开出、承兑的商业汇票，包括银行承兑汇票和商业承兑汇票。本项目应根据“应付票据”科目的期末余额填列。

④“应付账款”项目，反映企业因购买材料、商品和接受劳务供应等经营活动应支付的款项。本项目应根据“应付账款”和“预付账款”科目所属各明细科目的期末贷方余额合计数填列。如果“应付账款”科目所属明细科目期末有借方余额，应在资产负债表的“预付款项”项目内填列。

⑤“预收款项”项目，反映企业按照购货合同的规定预付给供应单位的款项。本项目应根据“预收账款”和“应收账款”科目所属各明细科目的期末贷方余额合计数填列。如果“预收账款”科目所属各明细科目期末有借方余额，应在资产负债表的“应收账款”项目内填列。

⑥“应付职工薪酬”项目，反映企业根据有关规定应付给职工的工资、职工福利、社会保险费、住房公积金、工会经费、职工教育经费、非货币性福利、辞退福利等各种薪酬。外商投资企业按规定从净利润中提取的职工奖励及福利基金，也在本项目中列示。

⑦“应交税费”项目，反映企业按照税法规定计算应交纳的各种税费，包括增值税、消费税、所得税、资源税、土地增值税、城市维护建设税、房产税、土地使用税、车船使用税、教育费附加等。企业代扣代缴的个人所得税也通过本项目列示。企业所交纳的税金不需要预计应交数的，如印花税、耕地占用税等，不在本项目列示。本项目应根据“应交税费”科目的期末贷方余额填列。如果“应交税费”科目期末为借方余额，则应以“-”填列。

⑧“应付利息”项目，反映企业按照规定应当支付的利息，包括分期付息、到期还本的长期借款应支付的利息、企业发行的企业债券应支付的利息等。本项目应当根据“应付利息”科目的期末余额填列。

⑨“应付股利”项目，反映企业分配的现金股利或利润。企业分配的股票股利不通过本项目列示。本项目应根据“应付股利”科目的期末余额填列。

⑩“其他应付款”项目，反映企业除应付票据、应付账款、预收款项、应付职工薪酬、应付股利、应付利息、应交税费等经营活动以外的其他各项应付、暂收的款项。本项目应根据“其他应付款”科目的期末余额填列。

⑪“一年内到期的非流动负债”项目，反映企业非流动负债中将于资产负债表日后1年内到期这一部分的金额，如将于1年内偿还的长期借款。本项目应根据有关科目的期末余额填列。

⑫“其他流动负债”项目，反映企业除短期借款、交易性金融负债、应付票据、应付账款、应付职工薪酬、应交税费等以外的其他流动负债。本项目应根据有关科目的期末余额填列。

⑬“长期借款”项目，反映企业从银行或其他金融机构借入的期限在1年以上(不含1年)的各项借款。本项目应根据“长期借款”科目的期末余额填列。

⑭“应付债券”项目，反映企业为筹集长期资金而发行的债券本金和利息。本项目应根据“应付债券”科目的期末余额填列。

⑮“长期应付款”项目，反映企业除长期借款和应付债券以外的其他各种长期应付款项。本项目应根据“长期应付款”科目的期末余额减去相应的“未确认融资费用”科目的期末余额后的金额填列。

⑯“专项应付款”项目，反映企业取得的政府作为企业所有者投入的具有专项或特定用途的款项。本项目应根据“专项应付款”科目的期末余额填列。

⑰“预计负债”项目,反映企业确认的对外提供担保、未决诉讼、产品质量保证、重组义务、亏损性合同等预计负债。本项目应根据“预计负债”科目的期末余额填列。

⑱“递延所得税负债”项目,反映企业确认的因应纳税暂时性差异而产生的所得税负债。本项目应根据“递延所得税负债”科目的期末余额填列。

⑲“其他非流动负债”项目,反映企业除长期借款、应付债券等项目以外的其他非流动负债。本项目应根据有关科目的期末余额填列。其他非流动负债项目应根据有关科目的期末余额减去将于 1 年内(含 1 年)到期偿还数后的余额填列。非流动负债各项目中将于 1 年内(含 1 年)到期的非流动负债,应在“一年内到期的非流动负债”项目内单独反映。

3)所有者权益项目的列报说明。

①“实收资本(或股本)”项目,反映企业各投资者实际投入的资本(或股本)总额。本项目应根据“实收资本”(或“股本”)科目的期末余额填列。

②“资本公积”项目,反映企业资本公积的期末余额。本项目应根据“资本公积”科目的期末余额填列。

③“库存股”项目,反映企业持有的尚未转让或注销的本公司股份金额。本项目应根据“库存股”科目的期末余额填列。

④“盈余公积”项目,反映企业盈余公积的期末余额。本项目应根据“盈余公积”科目的期末余额填列。

⑤“未分配利润”项目,反映企业尚未分配的利润。本项目应根据“本年利润”科目和“利润分配”科目的余额计算填列。未弥补的亏损在本项目内以“–”填列。

(4)年初余额栏的列报方法

资产负债表“年初余额”栏内的各项数字,应根据上年末资产负债表“期末余额”栏内所列数字填列。如果上年度资产负债表规定的各个项目的名称和内容同本年度不相一致,应对上年年末资产负债表各项目的名称和数字按照本年度的规定进行调整,填入表中“年初余额”栏内。

(5)期末余额栏的列报方法

资产负债表“期末余额”栏内的各项数字,一般应根据资产、负债和所有者权益类科目的期末余额填列,主要包括以下几种方式。

① 根据总账科目余额填列。例如,“交易性金融资产”“短期借款”“应付票据”“应付职工薪酬”等项目,应根据“交易性金融资产”“短期借款”“应付票据”“应付职工薪酬”各总账科目的余额直接填列;有些项目则须根据几个总账科目的期末余额计算填列,如“货币资金”项目须根据“库存现金”“银行存款”“其他货币资金”3 个总账科目的期末余额的合计数填列。

② 根据明细账科目余额计算填列。例如,“应付账款”项目须根据“应付账款”和“预付款项”2 个科目所属的相关明细科目的期末贷方余额计算填列;“应收账款”项目须根据“应收账款”和“预收款项”2 个科目所属的相关明细科目的期末借方余额计算填列。

③ 根据总账科目和明细账科目余额分析计算填列。例如,“长期借款”项目须根据“长期借款”总账科目余额扣除“长期借款”科目所属的明细科目中将在 1 年内到期,并且企业不能自主地将清偿义务展期的长期借款后的金额计算填列。

④ 根据有关科目余额减去其备抵科目余额后的净额填列。例如,资产负债表中的“应收票据”“应收账款”“长期股权投资”“在建工程”等项目,应当根据“应收票据”“应收账款”“长期股权投资”“在建工程”等科目的期末余额减去“坏账准备”“长期股权投资减值准备”“在建工程减值准备”等科目余额后的净额填列。“固定资产”项目应当根据“固定资产”科目的期末余额减去“累计折旧”“固定资产减值准备”备抵科目余额后的净额填列;“无形资产”项目应当根据“无形资产”科目的期末余额减去“累计摊销”“无形资产减值准备”备抵科目余额后的净额

填列。

⑤ 综合运用上述填列方法分析填列。例如，资产负债表中的"存货"项目须根据"原材料""委托加工物资""周转材料""材料采购""在途物资""发出商品""材料成本差异"等总账科目的期末余额的分析汇总数减去"存货跌价准备"科目的余额后的净额填列。

2. 利润表

（1）利润表的格式

利润表是以"收入 – 费用 = 利润"这一会计恒等式为理论基础编制的，包括正表和补充资料两部分。

利润表的格式主要有多步式和单步式两种。

① 单步式是以垂直形式先将所有各项收益列示于表的上端，然后将各项成本费用损失列于其下，最后按收支差额一次性结出企业的净利润。单步式利润表便于会计报表阅读者理解，但是不能反映利润的形成过程。

② 多步式是指通过对当期的收入、费用、支出项目按性质加以归类，再按利润形成的主要环节列示一些中间性利润指标，分步计算当期净损益。采用多步式列报利润表，可以将不同性质的收入和费用类别进行对比，从而得出一些中间性的利润数据，便于信息使用者了解企业经营成果的不同来源。

按照我国现行会计制度的要求，利润表的样式一般采用多步式。其格式如表6.5所示。

（2）利润表的编制步骤

多步式利润表中的利润是通过多步计算而来的，通常可分为以下几步。

1）计算营业利润。

营业利润=营业收入−营业成本−营业税金及附加−销售费用−管理费用−财务费用−资产减值损失+公允价值变动收益+投资收益

其中，

营业收入=主营业务收入+其他业务收入

营业成本=主营业务成本+其他业务成本

2）计算利润总额。

利润总额=营业利润+营业外收入−营业外支出

3）计算净利润。

净利润=利润总额−所得税费用

4）计算每股收益。普通股已经公开交易的企业，以及正处于公开发行普通股过程中的企业，还应当在利润表中列示每股收益信息。非上市公司没有此项目。

（3）利润表的编制方法

1）利润表各项目的列报说明。

①"营业收入"项目，反映企业因经营主要业务和其他业务所确认的收入总额。本项目应根据"主营业务收入"和"其他业务收入"科目的发生额分析填列，当年发生销售退回的，应以冲减销售退回主营业务收入后的金额填列。

②"营业成本"项目，反映企业因经营主要业务和其他业务所发生的成本总额。本项目应根据"主营业务成本"和"其他业务成本"科目的发生额分析填列。当年发生销售退回的，应以加上销售退回商品成本后的金额填列。

③"营业税金及附加"项目，反映企业经营业务应负担的消费税、城市建设维护税、资源税、土地增值税和教育费附加等。本项目应根据"营业税金及附加"科目的发生额分析填列。

④"销售费用"项目，反映企业在销售商品过程中发生的包装费、广告费等费用和为销售本

企业商品而专设的销售机构的职工薪酬、业务费等销售费用。本项目应根据“销售费用”科目的发生额分析填列。

⑤“管理费用”项目，反映企业为组织和管理生产经营而发生的管理费用。本项目应根据“管理费用”的发生额分析填列。

⑥“财务费用”项目，反映企业为筹集生产经营所需资金等而发生的筹资费用。本项目应根据“财务费用”科目的发生额分析填列。

⑦“资产减值损失”项目，反映企业各项资产发生的减值损失。本项目应根据“资产减值损失”科目的发生额分析填列。

⑧“公允价值变动收益”项目，反映企业应当计入当期损益的资产或负债公允价值变动收益。本项目应根据“公允价值变动损益”科目的发生额分析填列。如为净损失，本项目则以“–”填列。

⑨“投资收益”项目，反映企业以各种方式对外投资所取得的收益。本项目应根据“投资收益”科目的发生额分析填列。如为投资损失，本项目则以“–”填列。

⑩“营业利润”项目，反映企业实现的营业利润。如为亏损，本项目则以“–”填列。

⑪“营业外收入”项目，反映企业发生的与经营业务无直接关系的各项收入。本项目应根据“营业外收入”科目的发生额分析填列。

⑫“营业外支出”项目，反映企业发生的与经营业务无直接关系的各项支出。本项目应根据“营业外支出”科目的发生额分析填列。

⑬“利润总额”项目，反映企业实现的利润。如为亏损，本项目则以“–”填列。

⑭“所得税费用”项目，反映企业应从当期利润总额中扣除的所得税费用。本项目应根据“所得税费用”科目的发生额分析填列。

⑮“净利润”项目，反映企业实现的净利润。如为亏损，本项目则以“–”填列。

⑯“基本每股收益”“稀释每股收益”项目应根据每股收益的相关规定计算填列。非上市公司没有此项目。

2）上期金额栏的列报方法。

利润表中“上期金额”栏内的各项数字，应根据上年该期利润表“本期金额”栏内所列的数字填列。如果上年该期利润表规定的各个项目的名称和内容同本期不相一致，应对上年该期利润表各项目的名称和数字按本期的规定进行调整，填入利润表的“上期金额”栏内。

3）本期金额栏的列报方法。

利润表中“本期金额”栏内的各项数字一般应根据损益类科目的发生额分析填列。

由于年终结账时，全年的收入和支出已全部转入“本年利润”科目，并且通过收支对比结出了本年净利润的数额，所以应将年报中的“净利润”数字与“本年利润”科目结转到“利润分配——未分配利润”科目的数字相核对，检查报表编制和账簿记录的正确性。

实训目的和要求

1. 熟悉资产负债表的内容和格式，理解资产负债表的编制原理，初步掌握资产负债表的编制方法。

2. 熟悉利润表的内容和格式，理解利润表的编制原理，初步掌握利润表的编制方法。

实训时间

完成本实训约需 2 学时。

实训资料

资料 1：2015 年 12 日 31 日，恒美股份有限公司各账户余额如表 6.1 和表 6.2 所示。

表6.1　　账户余额一览表　　元

账户名称	借方余额	账户名称	贷方余额
库存现金	3 000	短期借款	45 000
银行存款	49 000	应付账款	30 000
应收账款	17 000	预收账款	6 000
预付账款	13 000	应交税费	21 625
原材料	37 800	长期借款	23 000
生产成本	9 350	坏账准备	340
材料采购	1 600	累计折旧	14 000
长期股权投资	24 750	实收资本	120 000
固定资产	173 000	资本公积	20 000
无形资产	41 500	盈余公积	25 000
利润分配	17 465	本年利润	82 500
合　计	38 7465	合 计	387 465

表6.2　　有关明细账户余额一览表　　元

总分类账户	明细分类账户	借　方	贷　方
长期借款	工商银行		20 000
	农业银行（2016年2月份到期）		3 000
应收账款	甲公司	22 000	
	乙公司		5 000
预收账款	丙公司		7 500
	丁公司	1 500	
应付账款	永乐公司		40 000
	爱华公司	10 000	
预付账款	夏日公司	24 000	
	亿年公司		11 000

要求：根据上述资料编制资产负债表，填入表 6.3 中。

表6.3

资产负债表

编制单位：　　　　　　　　　　　　年　　月　　日　　　　　　　　　　　　元

资　产	年初数	期末数	负债及所有者权益	年初数	期末数
流动资产：	（略）		流动负债：	（略）	
货币资金			短期借款		
交易性金融资产			交易性金融负债		
应收票据			应付票据		
应收账款			应付账款		
预付账款			预收账款		
应收利息			应付职工薪酬		
应收股利			应交税费		
其他应收款			应付利息		
存货			应付股利		
一年内到期的非流动资产			其他应付款		
其他流动资产			一年内到期的非流动负债		
流动资产合计			其他流动负债		
非流动资产：			流动负债合计		
可供出售金融资产			非流动负债：		
持有至到期投资			长期借款		
长期股权投资			应付债券		
长期应收款			长期应付款		
投资性房地产			专项应付款		
固定资产			预计负债		
在建工程			递延所得税负债		
工程物资			其他非流动负债		
固定资产清理			非流动负债合计		
生产性生物资产			负债合计		
油气资产			所有者权益：		
无形资产			实收资本（或股本）		
开发支出			资本公积		
商誉			减：库存股		
长期待摊费用			盈余公积		
递延所得税资产			未分配利润		
其他流动资产			所有者权益合计		
非流动资产合计					
资产合计			负债及所有者权益合计		

资料 2：2015 年 12 日 31 日，恒美股份有限公司各损益类账户发生额如表 6.4 所示。

表6.4　**损益类账户发生额一览表**　元

账户名称	借方余额	账户名称	贷方余额
主营业务成本	200 000	主营业务收入	500 000
营业税金及附加	4 000	其他业务收入	100 000
其他业务成本	30 000	投资收益	20 000
管理费用	70 000	营业外收入	5 000
财务费用	3 000		
销售费用	10 000		
营业外支出	1 000		
所得税费用	76 750		

要求：根据上述资料编制利润表，填入表 6.5 中。

表6.5　**利　润　表**

编制单位：　　　　年　　月　　日　　元

项　目	本期金额	上期金额
一、营业收入		（略）
减：营业成本		
营业税金及附加		
销售费用		
管理费用		
财务费用		
资产减值损失		
加：公允价值变动收益		
投资收益		
二、营业利润		
加：营业外收入		
减：营业外支出		
其中：非流动资产处置损失		
三、利润总额		
减：所得税费用		
四、净利润		

任务7 账务处理程序

实训 17 记账凭证账务处理程序

实训知识讲解

1. 记账凭证账务处理程序的基本内容

记账凭证账务处理程序是指对发生的经济业务都要根据原始凭证或原始凭证汇总表编制记账凭证，然后根据记账凭证直接登记总分类账的一种核算形式。

记账凭证账务处理程序如图 7.1 所示。

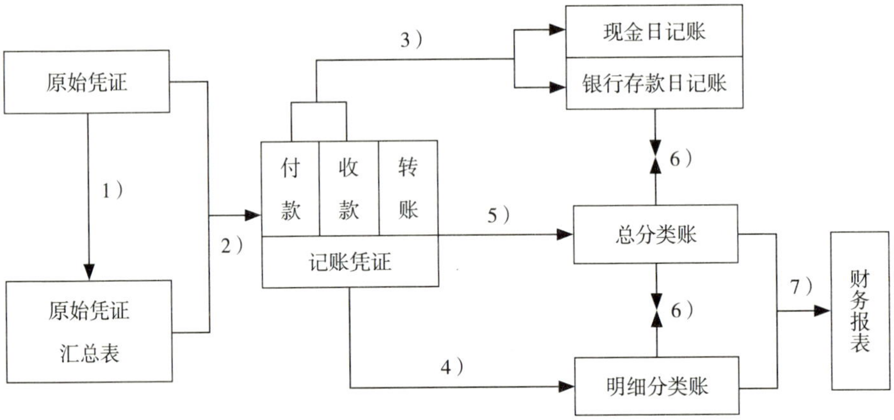

图7.1 记账凭证账务处理程序

1）根据原始凭证编制原始凭证汇总表。

2）根据原始凭证及原始凭证汇总表编制记账凭证。

3）根据收款凭证、付款凭证，逐笔登记现金日记账和银行存款日记账。

4）根据原始凭证、原始凭证汇总表和记账凭证，登记各种明细分类账。

5）根据记账凭证逐笔登记总分类账。

6）期末，将现金日记账、银行存款日记账和明细分类账的余额同有关总分类账的余额核对相符。

7）期末，根据总分类账和明细分类账编制财务报表。

2. 记账凭证账务处理程序的优缺点

优点：记账凭证账务处理程序简单明了，易于理解，总分类账可以较详细地反映经济业务的发生情况。

缺点：采用记账凭证账务处理程序登记总分类账的工作量较大，因而适用于规模较小、经济业务量较少的单位。

实训目的和要求

通过本实训，要求学生掌握记账凭证的编制方法与要求，了解记账凭证账务处理程序的特点，并能够根据记账凭证登记总分类账。

实训时间

完成本实训约需 1 学时。

实训资料

本实训资料见实训 6、实训 8。

要求： 根据资料完成以下任务。

（1）编制专用记账凭证。

（2）根据收、付款凭证，逐笔登记日记账。

（3）根据记账凭证和原始凭证，逐笔登记明细账。

（4）根据记账凭证逐笔登记总分类账。

（5）根据总分类账和明细分类账编制财务报表。

实训 18　科目汇总表账务处理程序

实训知识讲解

1. 科目汇总表账务处理程序的基本内容

科目汇总表账务处理程序又称记账凭证汇总表账务处理程序，是根据记账凭证定期编制科目汇总表，再根据科目汇总表登记总分类账的一种账务处理程序。

科目汇总表账务处理程序如图7.2所示。

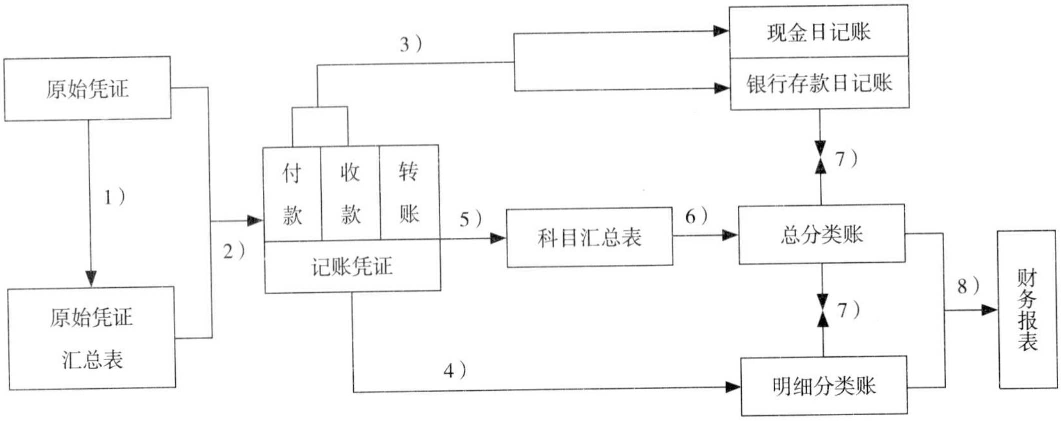

图7.2 科目汇总表账务处理程序

1）根据原始凭证编制原始凭证汇总表。

2）根据原始凭证及原始凭证汇总表，编制记账凭证。

3）根据收款凭证、付款凭证逐笔登记现金日记账和银行存款日记账。

4）根据原始凭证、原始凭证汇总表及记账凭证，登记各种明细分类账。

5）根据各种记账凭证编制科目汇总表。

6）根据科目汇总表登记总分类账。

7）期末，将现金日记账、银行存款日记账和明细分类账的余额同有关总分类账的余额核对相符。

8）期末，根据总分类账和明细分类账，编制财务报表。

2. 科目汇总表账务处理程序的优缺点

优点：可以利用科目汇总表的汇总结果进行账户发生额的试算平衡；在试算平衡的基础上记账，能保证总分类账登记的正确性；可以大大减少登记总账的工作量；适用性比较强。

缺点：编制科目汇总表的工作量比较大；科目汇总表不能够清晰地反映账户之间的对应关系。

实训目的和要求

通过本实训，要求学生掌握科目汇总表记账凭证的编制方法与要求，了解科目汇总表账务处理程序的特点，并能够根据科目汇总表记账凭证登记总分类账。

实训时间

完成本实训约需3学时。

实训资料

本实训资料见实训 6、实训 8。

要求：根据资料完成以下任务。

（1）编制专用记账凭证。

（2）根据收、付款凭证逐笔登记日记账。

（3）根据记账凭证和原始凭证逐笔登记明细账。

（4）根据记账凭证编制科目汇总表。

（5）根据科目汇总表登记总分类账。

实训资料如表 7.1 至表 7.39 所示。

表7.1

付款凭证

贷方科目：　　　　　　　　年　　月　　日　　　　　　　　字第　　号

04号长沙市文化用品公司印

摘要	借方科目		金额											记账
	总账科目	明细科目	亿	千	百	十	万	千	百	十	元	角	分	
附件　张	合计													

会计主管　　　　记账　　　　出纳　　　　审核　　　　制证

表7.2

付款凭证

贷方科目：　　　　　　　　年　　月　　日　　　　　　　　字第　　号

04号长沙市文化用品公司印

摘要	借方科目		金额											记账
	总账科目	明细科目	亿	千	百	十	万	千	百	十	元	角	分	
附件　张	合计													

会计主管　　　　记账　　　　出纳　　　　审核　　　　制证

表7.3

付款凭证

贷方科目：　　　　　　　　　　　　　　　　年　　月　　日　　　　　　　　　　　　　　　字第　　号

摘　要	借方科目		金　额											记账
	总账科目	明细科目	亿	千	百	十	万	千	百	十	元	角	分	
附件　　张	合　计													

04号长沙市文化用品公司印

会计主管　　　　记账　　　　出纳　　　　审核　　　　制证

表7.4

付款凭证

贷方科目：　　　　　　　　　　　　　　　　年　　月　　日　　　　　　　　　　　　　　　字第　　号

摘　要	借方科目		金　额											记账
	总账科目	明细科目	亿	千	百	十	万	千	百	十	元	角	分	
附件　　张	合　计													

04号长沙市文化用品公司印

会计主管　　　　记账　　　　出纳　　　　审核　　　　制证

表7.5

付款凭证

贷方科目：　　　　　　　　　年　　月　　日　　　　　　　　　字第　　号

摘　要	借方科目		金　额											记账
	总账科目	明细科目	亿	千	百	十	万	千	百	十	元	角	分	
附件　　张	合　计													

会计主管　　　　记账　　　　出纳　　　　审核　　　　制证

表7.6

付款凭证

贷方科目：　　　　　　　　　年　　月　　日　　　　　　　　　字第　　号

摘　要	借方科目		金　额											记账
	总账科目	明细科目	亿	千	百	十	万	千	百	十	元	角	分	
附件　　张	合　计													

会计主管　　　　记账　　　　出纳　　　　审核　　　　制证

表7.7

付款凭证

贷方科目：　　　　　　　　　　　年　　月　　日　　　　　　　　　　　字第　　号

摘　要	借方科目		金　额											记账
	总账科目	明细科目	亿	千	百	十	万	千	百	十	元	角	分	
附件　　张	合　计													

04号长沙市文化用品公司印

会计主管　　　　　记账　　　　　出纳　　　　　审核　　　　　制证

表7.8

收款凭证

借方科目：　　　　　　　　　　　年　　月　　号　　　　　　　　　　　字第　　号

摘　要	借方科目		金　额											记账
	总账科目	明细科目	亿	千	百	十	万	千	百	十	元	角	分	
附件　　张	合　计													

04号长沙市文化用品公司印

会计主管　　　　　记账　　　　　出纳　　　　　审核　　　　　制证

表7.9

转账凭证

年　　月　　日　　　　　　　　　　字第　　号

摘　要	会计科目		借方金额											贷方金额											记账
	总账科目	明细科目	亿	千	百	十	万	千	百	十	元	角	分	亿	千	百	十	万	千	百	十	元	角	分	
附件　　张	合　计																								

会计主管　　　　记账　　　　出纳　　　　审核　　　　制证

04号长沙市文化用品公司印

表7.10

转账凭证

年　　月　　日　　　　　　　　　　字第　　号

摘　要	会计科目		借方金额											贷方金额											记账
	总账科目	明细科目	亿	千	百	十	万	千	百	十	元	角	分	亿	千	百	十	万	千	百	十	元	角	分	
附件　　张	合　计																								

会计主管　　　　记账　　　　出纳　　　　审核　　　　制证

04号长沙市文化用品公司印

表7.11

转账凭证

年 月 日 字第 号

摘要	会计科目		借方金额											贷方金额											记账
	总账科目	明细科目	亿	千	百	十	万	千	百	十	元	角	分	亿	千	百	十	万	千	百	十	元	角	分	
附件 张	合计																								

会计主管 记账 出纳 审核 制证

表7.12

转账凭证

年 月 日 字第 号

摘要	会计科目		借方金额											贷方金额											记账
	总账科目	明细科目	亿	千	百	十	万	千	百	十	元	角	分	亿	千	百	十	万	千	百	十	元	角	分	
附件 张	合计																								

会计主管 记账 出纳 审核 制证

表7.13

转账凭证

年　　月　　日　　　　　　　　　　　　字第　　号

摘　要	会计科目		借方金额											贷方金额											记账
	总账科目	明细科目	亿	千	百	十	万	千	百	十	元	角	分	亿	千	百	十	万	千	百	十	元	角	分	
附件　　张	合　计																								

会计主管　　　　记账　　　　出纳　　　　审核　　　　制证

04号长沙市文化用品公司印

表7.14

转账凭证

年　　月　　日　　　　　　　　　　　　字第　　号

摘　要	会计科目		借方金额											贷方金额											记账
	总账科目	明细科目	亿	千	百	十	万	千	百	十	元	角	分	亿	千	百	十	万	千	百	十	元	角	分	
附件　　张	合　计																								

会计主管　　　　记账　　　　出纳　　　　审核　　　　制证

04号长沙市文化用品公司印

表7.15

转账凭证

年　月　日　　　　字第　号

摘要	会计科目		借方金额											贷方金额											记账
	总账科目	明细科目	亿	千	百	十	万	千	百	十	元	角	分	亿	千	百	十	万	千	百	十	元	角	分	
附件　张	合计																								

会计主管　　记账　　出纳　　审核　　制证

04号长沙市文化用品公司印

表7.16

转账凭证

年　月　日　　　　字第　号

摘要	会计科目		借方金额											贷方金额											记账
	总账科目	明细科目	亿	千	百	十	万	千	百	十	元	角	分	亿	千	百	十	万	千	百	十	元	角	分	
附件　张	合计																								

会计主管　　记账　　出纳　　审核　　制证

04号长沙市文化用品公司印

表7.17

转账凭证

年　月　日　　　　字第　号

04号长沙市文化用品公司印

摘要	会计科目		借方金额											贷方金额											记账
	总账科目	明细科目	亿	千	百	十	万	千	百	十	元	角	分	亿	千	百	十	万	千	百	十	元	角	分	
附件　张	合计																								

会计主管　　记账　　出纳　　审核　　制证

表7.18

转账凭证

年　月　日　　　　字第　号

04号长沙市文化用品公司印

摘要	会计科目		借方金额											贷方金额											记账
	总账科目	明细科目	亿	千	百	十	万	千	百	十	元	角	分	亿	千	百	十	万	千	百	十	元	角	分	
附件　张	合计																								

会计主管　　记账　　出纳　　审核　　制证

表7.19

转账凭证

年　　月　　号　　　　　　　　　　　　字第　　号

摘要	会计科目		借方金额											贷方金额											记账
	总账科目	明细科目	亿	千	百	十	万	千	百	十	元	角	分	亿	千	百	十	万	千	百	十	元	角	分	
附件　张	合计																								

会计主管　　　　记账　　　　出纳　　　　审核　　　　制证

04号长沙市文化用品公司印

表7.20

转账凭证

年　　月　　号　　　　　　　　　　　　字第　　号

摘要	会计科目		借方金额											贷方金额											记账
	总账科目	明细科目	亿	千	百	十	万	千	百	十	元	角	分	亿	千	百	十	万	千	百	十	元	角	分	
附件　张	合计																								

会计主管　　　　记账　　　　出纳　　　　审核　　　　制证

04号长沙市文化用品公司印

表7.21

现金日记账

第____页

年		凭证编号	摘要	对方科目	票号	借方											贷方											借或贷	余额											√
月	日					亿	千	百	十	万	千	百	十	元	角	分	亿	千	百	十	万	千	百	十	元	角	分		亿	千	百	十	万	千	百	十	元	角	分	

表7.22

现金日记账

第____页

年		凭证编号	摘要	对方科目	票号	借方											贷方											借或贷	余额											√
月	日					亿	千	百	十	万	千	百	十	元	角	分	亿	千	百	十	万	千	百	十	元	角	分		亿	千	百	十	万	千	百	十	元	角	分	

表7.23

现金日记账

第____页

年		凭证编号	摘要	对方科目	票号	借方											贷方											借或贷	余额											√
月	日					亿	千	百	十	万	千	百	十	元	角	分	亿	千	百	十	万	千	百	十	元	角	分		亿	千	百	十	万	千	百	十	元	角	分	

表7.24

银行日记账

户名________

年		凭证号数		摘要	支票		对方科目	存入（收款）												支取（付款）												结余											
月	日	收款	付款		种类	号数		十	亿	千	百	十	万	千	百	十	元	角	分	十	亿	千	百	十	万	千	百	十	元	角	分	十	亿	千	百	十	万	千	百	十	元	角	分

表7.25

银行日记账

户名________

年		凭证号数		摘 要	支 票		对方科目	存入（收款）												支取（付款）												结 余											
月	日	收款	付款		种类	号数		十	亿	千	百	十	万	千	百	十	元	角	分	十	亿	千	百	十	万	千	百	十	元	角	分	十	亿	千	百	十	万	千	百	十	元	角	分

表7.26

科目汇总表

J2式

类别

编号

凭证____号至____号共____张

凭证____号至____号共____张

年 月 日至 日　　　　凭证____号至____号共____张

会计科目	本期发生额																							
	借方金额											√	贷方金额											√
	亿	千	百	十	万	千	百	十	元	角	分		亿	千	百	十	万	千	百	十	元	角	分	
合　计																								

会计主管　　　　记账　　　　审核　　　　制表

表7.27

总分类账

第　　页

会计科目：________　　　　　　　　　　　　户名：________

年		凭证号数	摘要	√	借方												贷方												借或贷	余额											
月	日				十	亿	千	百	十	万	千	百	十	元	角	分	十	亿	千	百	十	万	千	百	十	元	角	分		十	亿	千	百	十	万	千	百	十	元	角	分

表7.28

总分类账

第　　页

会计科目：________　　　　　　　　　　　　　　　　户名：________

年		凭证号数	摘要	√	借方												贷方												借或贷	余额											
月	日				十	亿	千	百	十	万	千	百	十	元	角	分	十	亿	千	百	十	万	千	百	十	元	角	分		十	亿	千	百	十	万	千	百	十	元	角	分

表7.29

总分类账

第　　页

会计科目：________　　　　　　　　　　　　　　　　户名：________

年		凭证号数	摘要	√	借方												贷方												借或贷	余额											
月	日				十	亿	千	百	十	万	千	百	十	元	角	分	十	亿	千	百	十	万	千	百	十	元	角	分		十	亿	千	百	十	万	千	百	十	元	角	分

表7.30

总分类账

第　　页

会计科目：________　　　　　　　　　　　　　　　户名：________

年		凭证号数	摘要	√	借方												贷方												借或贷	余额											
月	日				十	亿	千	百	十	万	千	百	十	元	角	分	十	亿	千	百	十	万	千	百	十	元	角	分		十	亿	千	百	十	万	千	百	十	元	角	分

表7.31

总分类账

第　　页

会计科目：________　　　　　　　　　　　　户名：________

年		凭证号数	摘要	√	借方												贷方												借或贷	余额											
月	日				十	亿	千	百	十	万	千	百	十	元	角	分	十	亿	千	百	十	万	千	百	十	元	角	分		十	亿	千	百	十	万	千	百	十	元	角	分

表7.32

总分类账

第　　页

会计科目：________　　　　户名：________

年		凭证号数	摘要	√	借方												贷方												借或贷	余额											
月	日				十	亿	千	百	十	万	千	百	十	元	角	分	十	亿	千	百	十	万	千	百	十	元	角	分		十	亿	千	百	十	万	千	百	十	元	角	分

表7.33

总分类账

第　　页

会计科目：________

户名：________

年		凭证号数	摘要	√	借方												贷方												借或贷	余额											
月	日				十	亿	千	百	十	万	千	百	十	元	角	分	十	亿	千	百	十	万	千	百	十	元	角	分		十	亿	千	百	十	万	千	百	十	元	角	分

表7.34

总分类账

第　　页

会计科目：________　　　　　　　　　　　　　　　　　　户名：________

年		凭证号数	摘要	√	借方												贷方												借或贷	余额											
月	日				十	亿	千	百	十	万	千	百	十	元	角	分	十	亿	千	百	十	万	千	百	十	元	角	分		十	亿	千	百	十	万	千	百	十	元	角	分

表7.35

总分类账

第　　页

会计科目：________　　　　户名：________

年		凭证号数	摘要	√	借方												贷方												借或贷	余额											
月	日				十	亿	千	百	十	万	千	百	十	元	角	分	十	亿	千	百	十	万	千	百	十	元	角	分		十	亿	千	百	十	万	千	百	十	元	角	分

表7.36

总分类账

第　　页

会计科目：＿＿＿＿　　　　户名：＿＿＿＿

年		凭证号数	摘要	√	借方												贷方												借或贷	余额											
月	日				十	亿	千	百	十	万	千	百	十	元	角	分	十	亿	千	百	十	万	千	百	十	元	角	分		十	亿	千	百	十	万	千	百	十	元	角	分

表7.37

总分类账

第　页

会计科目：＿＿＿＿　　　　户名：＿＿＿＿

年		凭证号数	摘要	√	借方												贷方												借或贷	余额											
月	日				十	亿	千	百	十	万	千	百	十	元	角	分	十	亿	千	百	十	万	千	百	十	元	角	分		十	亿	千	百	十	万	千	百	十	元	角	分

任务8

会计凭证的装订、保管及实训报告的撰写

实训 19　会计凭证的装订与保管

实训知识讲解

1. 会计凭证的装订

月末，应将全月的记账凭证及所附原始凭证进行装订。各单位可根据记账凭证的多少，装订成若干册，原则上以一张会计凭证汇总表为一册，也可分订两册以上，用分数号编号。如果会计凭证较少，也可将两张或 3 张会计凭证汇总表的会计凭证合并装订成一册，但不得跨月装订，也不能把反映同一经济业务的会计凭证装订在两册之中。各册的薄厚应大体一致。

会计凭证的装订程序和方法如下。

① 装订前，将记账凭证按凭证编号顺序码放。摘掉凭证上的大头针等物。记账凭证放在上面，所附原始凭证放在各自的记账凭证的后面。准备好装订机、大针、胶水、凭证封面、包角纸等。

② 将记账凭证汇总表放在最前面，并放好封面。封面一般应使用牛皮纸。

封面、封底的内容和格式如表 8.1 和表 8.2 所示。

③ 以会计凭证的左上侧为准，放齐。在码放整齐的记账凭证左上角放一张包角纸。

④ 在凭证的左上角画一个底边长为 5 cm 左右的等腰三角形，用夹子夹住，然后用装订机在底线上分布均匀地打两个眼儿。

⑤ 用大针引线穿过两个眼儿。在凭证的背面打结。线绳最好把凭证两端也系上。

⑥ 将护角纸向左上侧折，并将一侧剪开至凭证的左上角，抹上胶水，然后向后折叠，并将侧面和背面的线绳扣粘牢。

⑦ 等晾干后，在凭证的侧脊上面写上“某年某月第几册共几册”字样，以便日后查找，装订人在装订线封签处签名或盖章。

表8.1

广州市标准会计凭证系列　　　　**会计档案记账凭证**

（印章：广州市财政局监制　标准会计凭证账簿系列）

单位名称：　　　　　　　　　　　　　　　　　　　　　　　核销时间：

时　间	年度　　月份　　日至　　日
卷　数	本月共　　卷　　本卷是第　　卷
记账凭证张数	本卷自　　字第　　号至　　字第　　号共　　张
会计主管：	
全宗号：	目录号：　　　　案卷号：

06号　广州市前通文县实业有限公司印制

表8.2

抽出附件登记表

抽出日期			原附凭证号码	抽出附件的详细名称	抽出理由	抽取人盖章	会计主管盖章	备　注
年	月	日						

2. 会计凭证的保管

① 装订成册的会计凭证，应指定专人负责保管。当年的会计凭证，在会计年度终了后，可暂由本单位会计机构保管1年，期满后应交本单位的档案机构统一保管。出纳人员不得兼管会计档案。已经存档的会计凭证，在需要查阅时，必须经过一定的审批手续。查阅时不得拆散原卷册。原始凭证不得外借。外单位因特殊需要使用原始凭证时，经本单位领导人批准，可以复制。向外单位提供的原始凭证复印件，应在专设的登记簿上登记，并由提供人员和收取人员共同签章。

② 保管期满的会计凭证可以销毁。但尚未结清债权债务的原始凭证，即使保管期满也不得销毁，应当单独抽出立卷，保管到末了事项完结为止。正在项目建设期间的建设单位，其保管期满的会计凭证也不得销毁。

③ 按规定可以销毁的会计凭证，须办理完有关手续后，方可销毁。

办理销毁的手续如下：由本单位档案机构会同会计机构提出销毁意见，编制销毁清册，列明所销毁的会计凭证的名称、卷号、册数、起止年度、档案编号、应保管期限、已保管期限和销毁的时间等；由单位负责人在销毁清册上签署意见；销毁时，应由档案机构和会计机构共同派员监督；

监销人员在会计凭证销毁前，应当按照销毁清册所列的内容清点核对所要销毁的会计凭证；销毁后，监销人员应当在销毁清册上签名盖章，并将监销情况报告本单位负责人。

实训目的和要求

掌握会计凭证的装订方法，将实训 6 中的会计凭证进行装订。

实训时间

完成本实训约需 1 学时。

实训资料

实训资料见实训 6。

实训 20　实训报告的撰写

实训知识讲解

所有实训做完后，实训者应撰写实训报告。实训报告的主体内容包括实训者在实训过程中遇到的问题、解决的方法、对实验过程总的评价及自身的收获等。实训报告交由指导老师进行评阅。指导老师根据实训者的情况，对实训者的实训态度、实训纪律、实训知识的运用等进行一个总体评价。

实训目的和要求

实训结束后，实训者要对本次实训进行一次总结并撰写实训报告。

实训时间

完成本实训约需 2 学时。

实训资料

按照表8.3撰写实训报告。

表8.3 **实训报告**

专业： 班级： 学号： 姓名：

实训时间	
实训总结（不够可附页）	
实训指导老师打分	指导老师签名： 年 月 日

实训指导老师可以按以下标准打分。

1. 正确性，占50分。准确无误地使用账薄、凭证和运用会计科目，对各项经济业务的处理符合规定和要求，即账目清楚，凭证、账账、账表相符，核算结果正确无误。

2. 及时性，占10分。根据实训时间安排，及时完成实训任务。

3. 规范化，占15分。填制凭证、登记账簿、编制报表，符合规范化要求。

4. 整洁，占5分。书写整齐、清楚，不乱涂乱改。

5. 实训态度，占10分。上课认真听讲，尊重老师，服从实训室负责人统一安排，独立完成作业。

6. 实训纪律，占10分。实训期间不迟到、不早退、不旷课，爱护实训室的用品用具，节约使用实训用品，保持实训室卫生。

反侵权盗版声明

举报电话：(010)88254396；(010)88258888
传　　真：(010)88254397
E－mail　：dbqq@phei.com.cn
通信地址：北京市万寿路173信箱
　　　　　电子工业出版社总编办公室
邮　　编：100036

尊敬的老师：

您好。

请您认真、完全地填写以下表格的内容（务必填写每一项），索取相关图书的教学资源。

教学资源索取表

书 名				作者名	
姓 名		所在学校			
职 称		职 务		讲授课程	
联系方式	电话：		E-mail：		
地址（含邮编）					
贵校已购本教材的数量（本）					
所需教学资源					
系/院主任姓名					

系/院主任：____________________（签字）

（系/院办公室公章）

20_____年____月____日

注意：

① 本配套教学资源仅向购买了相关教材的学校老师免费提供。

② 请任课老师认真填写以上信息，并**请系/院加盖公章**，然后传真到（010）80115555转718438上索取配套教学资源。也可将加盖公章的文件扫描后，发送到fservice@126.com上索取教学资源。欢迎各位老师扫码关注我们的微信号和公众号，随时与我们进行沟通和互动。

微信号　　公众号

電子工業出版社
PHEI PUBLISHING HOUSE OF ELECTRONICS INDUSTRY